Quand on devient *aidant* familial

Des **mots** *sur les* **maux**

Une collection dirigée par Marie-Estelle Dupont.
Des ouvrages qui croisent un témoignage autobiographique
et l'éclairage d'un psychologue :
une double approche thérapeutique et salutaire.

Éloïse Maillot-Nespo

Blandine Chemin-Sauque,
psychologue

Quand on devient *aidant* familial

Albin Michel

SOMMAIRE

PRÉFACE

J'écris ces lignes à l'heure où le pays débat de la fin de vie, comme si, toujours, l'écriture de l'intime était en lien avec la psyché collective.

En France, environ 10 millions d'aidants, par ailleurs salariés ou entrepreneurs, parents, parfois grands-parents aussi, accompagnent un proche malade et dépendant. Le terme a quelque chose d'inconfortable et d'un peu bancal, et pour cause. À quel moment se rend-on compte que, d'enfant ou de conjoint, on devient aidant ? Sur quelles ressources s'appuyer émotionnellement et au quotidien ? Quels impacts cela a-t-il sur notre propre vie ? Face à la maladie, la mort et le corps médical, comment accepter ses propres émotions, qui nous semblent à peine légitimes parfois devant la souffrance d'un proche ? Comment accueillir, sans s'y perdre, la vulnérabilité croissante de l'être aimé ? Comment traverser l'ambivalence, parfois les vœux de mort, l'épuisement, l'inquiétude, la solitude, la culpabilité de ne pas en faire assez ? Comment communiquer avec le malade et avec ceux qui s'en occupent ? Comment repérer la fatigue compassionnelle et les signes d'épuisement, et s'accorder du répit avant de tomber à son tour malade ? Et enfin, bien sûr, comment faire le deuil de celui dont la maladie a dicté chacune de nos journées durant de longs mois ? Comment reprendre pied dans son propre espace-temps et retrouver ses frontières à soi ?

L'histoire d'Éloïse et de sa mère atteinte d'un cancer nous conduit dans toute la singularité, la nuance, l'ambivalence de ces situations où celui qui était le parent, le « grand » dans nos yeux d'enfant, devient la personne vulnérable, dépendante, perdue dans le cataclysme de la maladie. Deux vies sont alors suspendues au-dessus de l'espace-temps de ceux qui sont demeurés dans la « normalité » de leur existence. Dans cette symbiose étrange, où s'entremêlent le passé, la peur, l'horizon certain et si imprévisible de la souffrance et de la mort, mais aussi l'ambivalence et la tendresse, les non-dits et les traumatismes parfois, l'épuisement et l'inquiétude.

Les conflits non résolus prennent un éclairage différent, et le travail psychique exigé par la situation pour celui qui tient et soutient est colossal.

L'écriture d'Éloïse, poétique et chirurgicale à la fois, nous permet de saisir cette danse entre la vie et la mort, l'espoir et l'angoisse. Je tiens à la remercier de nous convier à entrer dans une si grande intimité. Celle qui parfois nous trouve suspendus au-dessus du sol, ranimés par un désir inattendu et charnel.

> *« Car dans les derniers moments de sa vie, la petite fille prit de plus en plus le dessus sur toutes les autres fonctions, et, dans une inversion des rôles, me désigna, peu à peu, comme sa propre mère, même si elle conserva le « souci de moi », et m'entoura de toutes ses forces, de toute son écoute, de ses conseils, de son aide*

et de toute son intelligence de maman, tant qu'elle le put. Mais elle fut aussi prête à tout pour me garder près d'elle, parfois à mes dépens. J'ai posé ici – je crois – les bases et les fondations du pourquoi inconscient, dont je suis en réalité très consciente, de ma mission d'aidante. Cette culpabilité-là, je la porterai toute ma vie. Celle de ne pas avoir mieux fait lorsque je le pouvais. Je suis aussi consciente que s'enfermer dans la douleur et la faute est une façon de conserver un lien avec l'être disparu. Je garde pourtant cette impression de ne pas en avoir assez fait, ne pas l'avoir assez écoutée, car je crois que c'est tout ce qu'elle demandait. C'est cela, être aidant. C'est douter constamment et se demander si nous avons été à la hauteur. Comment soutenir quelqu'un dans la maladie lorsque cette personne ne reconnaît pas son propre état ? Comment distinguer la vieillesse de la maladie tant les deux s'imbriquent ? Je deviens une personne qui soutient un proche malade ou en difficulté, alors que je ne suis qu'une fille qui aime sa mère. Quelles réalités ce mot d'aidant recouvre-t-il ? »

Blandine, que j'ai rencontrée pendant mes études, m'a semblé être la personne la plus à même, grâce à son expérience approfondie de la fin de vie, de nous aider à comprendre les ressorts de cette épreuve et la manière dont Éloïse parvient à la transformer et à la dépasser.

Elle m'a semblé avoir toute l'empathie, la finesse et la délicatesse nécessaire à l'appréhension de ces situations qu'aucune idéologie ne devrait jamais contaminer. Dans une époque plus que mal à l'aise avec la souffrance et la mort, qui voudrait les contrôler pour ne pas les penser, Blandine a appris à parler le langage de la fatigue de l'aidant, à entrer dans cette tension psychique et dans ces rythmes désarticulés que soutiennent et irriguent la loyauté, l'amour, la nécessité aussi.

La décision de devenir aidant n'est pas un choix : « je ne pouvais pas faire autrement », « je n'ai pas eu le choix ». Si l'aidant ne choisit pas, il épouse ce rôle, avec parfois beaucoup de difficultés psychiques lorsque le lien était antérieurement conflictuel. Un rôle qui le pousse à s'oublier. Un peu, beaucoup.

La culpabilité, la peur, le découragement, la redécouverte d'un lien sans filtre, les non-dits qui se lèvent à la faveur des difficultés surmontées ensemble, les malentendus avec le monde médical, le désarroi devant des symptômes aliénants, tout cela nos deux auteures le nomment et l'explorent avec finesse, délicatesse, sensibilité, franchise. Elles regardent en face ce que certains voudraient éviter, gênés par cette finitude qui met à terre nos fantasmes d'homme augmenté.

Ce livre est né de notre désir que tous ceux qui vivent la fin de vie d'un proche trouvent ici des clés pour se comprendre, des mots pour penser et panser ce tourment de la perte à venir, cette ambivalence du deuil, cette douleur de ne pas réussir à ôter à l'autre sa souffrance, cette difficile posture qui consiste parfois à accepter d'être une présence impuissante, mais une présence qui fait pourtant toute la différence.

J'ai l'intime conviction que cet ouvrage permettra à de nombreux adultes, embarqués sans s'y attendre dans l'accompagnement d'un malade, de mieux comprendre ce qu'ils traversent.

Car le deuil, pour celui qui a aidé, soutenu, porté, a ses propres lignes temporelles. Il faut du temps pour ne plus se sentir mort-vivant quand la mission prend fin. À tant se dévouer pour chaque détail, on en oublierait la mort, pourtant en toile de fond de toutes les journées. Sans voix, sans force, sans désir, avec sa toux pour seule compagne, Éloïse s'est sentie entre deux mondes pendant un long moment. Le retour à la vie, pour celui qui a accompagné, nourri, menti pour protéger parfois, est physiquement coûteux. Ce temps est incompressible. Inutile de parler de volonté ou de médicaments. Il faut retourner aux vivants, en étant en apparence la même personne et pourtant tout autre, transformée par l'expérience. Le sentiment de flotter dans la réalité du monde peut durer plusieurs mois.

Mais Éloïse, patiente, observatrice de ses gouffres, finit par revenir à nous autres vivants, à un niveau de conscience et de maturité différent. Et Blandine nous rappelle la différence entre être déprimé et être en deuil. Dans un monde qui a gommé les grands rites de passage et psychiatrise la souffrance quand il ne peut l'effacer, les aidants nous réapprennent la puissance de la présence et de l'être, indépendamment du faire et du résultat. « Être là envers et contre tout, jusqu'à ce que tu ne sois plus là. » Quelle plus grande leçon d'humilité ? Écoutons-les.

Marie-Estelle Dupont,
psychologue clinicienne et psychothérapeute

ÉLOÏSE MAILLOT-NEPSO

PREMIÈRE PARTIE

TÉMOIGNAGE

À ma maman chérie adorée.
Merci pour tout.

« Les parents n'ont pas besoin de vos larmes lorsqu'ils meurent.
Ils ont besoin de vos câlins, de vos rires, de votre amour
et de vos soins lorsqu'ils sont encore en vie. »

HOMMAGE

Hommage rendu à maman, que j'ai écrit et lu, avec l'accord de mes quatre sœurs, lors de la cérémonie en son honneur, le jeudi 14 décembre 2023.

Maman.
Ma petite maman chérie.
Notre petite maman d'amour.

Tu es née le 27 novembre à Casablanca et tu as rejoint les étoiles dans la nuit du 4 décembre.

Nous, tes filles Alba, Hannah, Jeanne, Juliette et moi-même, Éloïse, te rendons cet hommage, car quiconque te connaissait savait la femme d'exception que tu étais ; tu resteras toujours dans nos cœurs et dans nos vies une belle âme, rebelle et anticonformiste, engagée, une grande amoureuse des Arts, des animaux et des Lettres.

Mura CHOLET-BRESSUINE, une femme au parcours extraordinaire : auteure pour ses romans aux Éditions du Seuil, et chez Fayard pour son essai.

Avant d'ouvrir ton cabinet de consultation, tu as collaboré à TF1 et à France Télévisions comme grand reporter – fait rare pour une femme – et responsable du service Rétrospectives et Culture.

Puis à F Magazine en tant que chef de rubrique Psy, ainsi qu'à La Vie catholique où tu as repris les pages Psy de Françoise Dolto.

Tu as assuré pour le journal Avantages, avec ton humour parfois acide mais toujours tendre, le courrier du cœur, qui a constitué un des grands succès du groupe Marie Claire.

Tu es partie rejoindre grand-mère et Mamie Paula, qui veillent désormais sur toi, comme tu continueras de veiller sur nous avec courage et force, bienveillance, amour et générosité, valeurs que tu nous as transmises.

Tu resteras à jamais un esprit libre.

Et je finirai par ces mots de Victor Hugo que tu nous as tant de fois répétés et que tu aimais tant : « Tu n'es plus là où tu étais, mais tu es partout là où je suis. »

Merci pour tout, petite maman d'amour.

Et par ma voix, puisse ce message de chacune d'entre nous cinq parvenir jusqu'à toi :

« Je t'aime, maman. »

Elle déposa le bouquet d'hortensias à droite de l'évier, encercla les tiges fraîchement coupées de ses mains blanches, puis glissa les fleurs dans le vase en cristal, qui attendait derrière elle sur la longue table en marbre rose et gris de la cuisine. La Sonate n° 16 pour piano en do majeur flottait dans l'air frais qui s'engouffrait dans la pièce. Les hautes fenêtres, grandes ouvertes sur le chêne majestueux trônant dans la cour, laissaient entrer quelques rayons de soleil, à travers ses épaisses branches et feuilles montant jusqu'au quatrième étage, en ce matin fleuri d'un premier jour de printemps. Les pas secs de l'enfant, pressés, résonnèrent alors sur le parquet à l'autre bout du couloir.

Lorsque la petite fille franchit le seuil de la pièce, elle s'élança vers sa mère, l'enlaçant de ses bras graciles, après avoir escaladé l'une des six chaises en bois blanc de la cuisine. Elle posa sa joue contre sa poitrine, humant un mélange de poudre de Caron, d'Heure bleue de Guerlain, de fragrances de roses roses et de l'es-

sence de sa peau. Puis la jolie voix de sa mère laissa s'échapper quelques notes de musique portées par la mélodie de Mozart, qui flottent toujours depuis et en cet instant dans leur grand appartement parisien du XVIe arrondissement, renfermant à jamais le merveilleux parfum de son enfance.

CHAPITRE 1
LA PETITE MORT

L'anxiété revient jouer avec mes nerfs. J'avais trouvé jusqu'ici des parades pour détourner mon attention, et ne pas me faire happer dans un vortex de souvenirs. Je les appelle mes soins palliatifs : je me suis inventée de petites recettes et des incantations, que j'extirpe de mon chapeau de magicienne à chaque fois que je sens avoir besoin d'un shoot de vie.

La première nuit après avoir pris la décision de revenir et d'écrire sur cette partie de ma vie que je fuis et anesthésie depuis plus de quatre mois, je me retrouve marchant sur le bitume en plein jour.

Soudain, le sol s'ouvre violemment devant mes pieds en une déchirure vertigineuse qui stoppe net la cadence de mes pas face à un dédale de marches poussiéreuses apparues brusquement. Mon corps reste figé : si j'avance, ne serait-ce que d'un millimètre, je risque de perdre l'équilibre et de plonger dans ce trou ouvrant, dans une perspective infinie, sur un sol noir invisible que je finis cependant par distinguer à force de le fixer.

Les demi-marches ne permettent ni de poser un pied, ni de descendre, tant elles sont agencées de façon raide. Un premier pas me tuerait dans une perte d'équilibre certaine.

Je n'ai pas le temps de réagir, c'est Marcel, mon shih tzu adoré, qui tombe à ma place.

Horrifiée, j'assiste, immobile, à sa chute et je vois son petit corps rebondir plusieurs fois contre ces marches de l'enfer, puis je l'entends s'écraser contre le sol dans un bruit âpre et sourd.

Je ne peux plus rien faire. C'est fini.

Bien que mon regard soit tout entier absorbé par ce trou et par mon chien dont j'essaye de distinguer le corps, je sens les gens – flous – marcher et vivre autour de moi, dans la rue.

Je prie pour que mon chien n'ait pas souffert et que, tout en bas, il ne respire plus. Les seuls sentiments que je ressens sont ceux du dégoût devant ce trou et de ma trahison face à mon inertie ; je n'ai pas pu le sauver et je suis restée, idiote, au bord de ce précipice, ne pensant qu'à moi et à ma survie.

Il est maintenant seul. Je ne peux même pas l'embrasser ni toucher son petit corps encore chaud qui doit commencer à se refroidir.

Je me réveille en sursaut et je tends la main.

Marcel dort paisiblement à côté de moi sur le lit, telle une bouillotte, et sa lente respiration me rassure : « Bien sûr, Marcel est immortel, comme dans les Tex Avery ! » me dis-je alors.

Il est un peu plus de 4 heures du matin, et je me rappelle le coyote tombant de sa falaise et s'écrasant sur la route, aussitôt ressuscité dans le plan suivant et recommençant, à l'infini, sa perpétuelle cascade mortelle sous le bip-bip de l'oiseau du cartoon américain de la Warner Bros. Un coyote sisyphéen.

Mes mantras prennent le relais ; je me chuchote des mots rassurants : « Oui, je vais réussir à raconter et à partager mon histoire avec ma mère. Je DOIS y parvenir ; après... tout ira mieux, mais je sais déjà que je ne pourrai pas tout dire. »

Les projections incantatoires que mon esprit fabrique presque malgré moi ont une force magique et obsédante, et mes pensées chargées d'émotion, d'angoisse ou d'espoir prennent le dessus ; elles accaparent tout, jusqu'à avoir raison de mon sommeil. Depuis plusieurs jours, ma principale préoccupation est de rester fidèle à ce que j'ai vécu, de transmettre les événements avec la plus grande honnêteté possible, non seulement pour ceux qui ont vécu cette expérience, pour ceux qui auront à la vivre, mais aussi par égard pour ma mère. Et pour moi.

Les doutes, les questions, m'assaillent. Comment démêler l'écheveau de notre histoire et de l'immanence de ce lien d'amour qui lie notre destin d'enfant à celui de notre mère, et nous guide vers le rôle d'aidant ? Ces deux fils ne sont-ils pas étroitement entrelacés ?

Comment aborder l'un – ce lien intime avec notre mère dont se nourrit la vocation d'aidant qui, parfois, échoit à un enfant plus qu'à un autre, forgé de ses zones d'ombre et de ses paradoxes –, sans évoquer l'autre – ce devoir d'assistance –, fruit de cette affection et de ce lien indissoluble, parfois nœud inextricable ? À partir de quel moment devient-on aidant ?

Je pense qu'il n'y a pas de hasard dans le déterminisme qui mène un enfant vers le rôle d'aidant.

Dans chaque famille, un enfant-sentinelle pressent qu'il sera celui qui veillera sur les âmes vieillissantes de son foyer jusqu'au bout du chemin.

Je me souviens du jour où je me suis tenue seule auprès de Sweetsue, le chat colourpoint de nos jeunes années, lui offrant un dernier baiser avant que le vétérinaire n'administre l'ultime piqûre. J'avais alors vingt et un ans, et la blessure de cette perte et de mes interrogations résonne encore aujourd'hui en moi ; j'accompagnai aussi Hubert, le carlin de notre enfance, jusqu'à son dernier sommeil, avec l'aide de maman, que j'avais appelée au secours, nos caresses et nos murmures apaisants l'entourant, pour lui dire adieu, en présence du vétérinaire. J'avais vingt-deux ans, et ce jour-là, j'eus l'impression d'enterrer une seconde fois notre enfance. Charmant privilège des petits derniers qui m'a été octroyé, celui d'enterrer les témoins de notre passé et de notre histoire commune.

Mais je veux me concentrer sur ce lien fondateur, l'histoire ancienne. D'où je suis partie. Maman.

Ma difficulté première, celle qui pourrait compromettre cette quête de sincérité dans mon récit, est de préserver l'intimité et la dignité du souvenir de ma mère, tout en restant fidèle à la vérité. Comment réussir à équilibrer ces deux enjeux de manière juste ?

En attendant ma réponse, je me lance dans une bataille contre ma propre résistance. Depuis quarante-huit heures, je tente toutes les échappatoires pour retarder le moment d'écrire. Pourtant, l'idée me hante sans relâche, ce qui est plutôt bon signe. Un livre se construit en dormant, en marchant, en mangeant, en vivant, en parlant. Il est comme une naissance, et je sens peu à peu les mots affluer pour gonfler mon cerveau, chargés de souvenirs, de visages et de voix, et de repères chronologiques que je pensais évanouis.

L'étape actuelle de mon deuil coïncide-t-elle avec celle de l'écriture de mon livre ? Non. Pourtant, il y a encore quelques jours, j'aurais été incapable d'écrire sur maman, emportée par un élan vital qui me poussait à avancer sans regarder en arrière, refusant toute forme de nostalgie rétrospective. Marche ou crève.

Pour faire émerger les souvenirs que j'avais enfouis afin de pouvoir respirer à nouveau et refaire surface, je cultive et je traque ma mémoire. Je crée des ouvertures vers le passé en commençant par mettre la photo de maman en fond d'écran sur mon portable.

C'est la manière la plus sûre que j'ai trouvée pour m'assurer de voir son visage une centaine de fois par jour.

J'ai aussi trouvé un autre moyen, encore plus féroce. Je réécoute quelques-uns de ses messages vocaux, acte insurmontable que je parviens étonnamment à accomplir cette fois-ci, sans m'effondrer, sans revivre son agonie à l'hôpital.

Dès que je quitte la maison, et chaque soir avant de m'endormir, je m'adonne à un rituel. Je plonge mon nez dans la trousse de maquillage en velours rose pâle de maman, encore emplie de ses rouges à lèvres, de ses mascaras, de ses crayons pour les yeux et de ses ombres à paupières marron. Je n'y avais pas encore touché. Je respire profondément son odeur poudrée, m'imprégnant de son parfum depuis plusieurs années, *First*, de Van Cleef & Arpels. Le même parfum dont j'ai senti le goût glisser lentement dans ma gorge, en avalant ma salive, un des jours suivant sa disparition, alors que je m'effondrai seule dans ma cuisine.

Maman a glissé à l'intérieur de moi.

Je presse mes lèvres dans le velours rose, j'y plonge mes narines, aspirant son odeur de moins en moins prégnante au fil des semaines qui s'écoulent. J'annule mes rendez-vous et je prévois des journées entièrement dédiées à l'écriture. Mes subterfuges finissent par avoir raison de ma piètre volonté, ou de mon déni. Tour à tour, je grignote des chips, je picore des graines de tournesol ou j'avale frénétiquement des noisettes, je tourne en rond comme une lionne en cage. Je surfe sans fin sur les réseaux sociaux. Je bois un petit verre de vin blanc sec, moi qui suis habituellement une adepte des smoothies.

Quand vais-je cesser de manger mes émotions ?

Je délaisse le sport, alors que je suis pourtant une fervente pratiquante quotidienne de Pilates, de yoga et de course sur tapis. Je bâcle les promenades de Marcel dans la nature. Toutes les excuses sont bonnes pour éviter de plonger dans les annales de la perte originelle, et pour rester les fesses sédimentées à la chaise de ma cuisine, qui commencent à déborder.

Sauf que cette nuit, c'est décidé. Demain, dès le réveil, je résisterai à toutes les tentations qui détournent mon attention et empoisonnent mon esprit. Toutes ces saloperies que j'ai achetées pour calmer mon cerveau en fuite, je les rassemblerai dans un grand sac-poubelle, et je me débarrasserai de ces expédients et des objets sources de mon immobilisme.

Je décide enfin d'affronter la question qui me hante et que je repousse par peur : écrivain ? Comment vais-je faire face aux silences et à la solitude de l'écriture, alors que depuis la disparition de maman, je m'abrutis de travail, cumulant des nouveaux défis, des visages inconnus, des informations et l'actualité ? Comment vais-je réussir à faire remonter à la surface, en souvenirs, ce que j'ai tant essayé d'oublier ces quatre derniers mois par nécessité de survie ?

Je dois court-circuiter les étapes de mon deuil, me regarder dans le miroir et tourner les yeux vers le rétroviseur. Je m'efforce de prévenir ma tête et mon corps que le rythme effréné que je me suis imposé prend fin ; l'écriture requiert ce retour en moi-même, me confrontant à la mémoire initiale, parfois douce et tendre comme le ventre d'une mère, parfois laide et brutale quand elle rejaillit sous la forme d'escalators et de trou noir.

Maman a rejoint les étoiles dans la nuit du 3 au 4 décembre 2023.

Depuis l'enterrement, je n'ai jamais été autant fatiguée. Je pèse cent kilos. Tout me demande un effort surhumain. Gravir la première marche de mon escalier me semble une montagne à surmonter. Chaque pas vers ma porte m'essouffle.

Je dors plusieurs heures par jour durant l'après-midi.

Le matin, j'ai perdu ma voix, quatre heures après, je la retrouve, éraillée.

Je mets une heure à m'habiller puis je me retrouve sans énergie pour la suite de la journée, je me traîne quand je sors promener mon chien. Je m'interroge : « combien de temps vais-je rester dans cet état de liquide coagulé ? », à l'opposé de moi et de mon énergie habituelle.

Je ne cesse de tousser depuis ton départ, maman. Mon corps est entrecoupé par des soubresauts incessants qui m'épuisent ; ma toux, dont les quintes sont particulièrement agressives et aiguës, la nuit, m'éreinte et me réveille. Je dois dormir presque assise. Je ne vais pas chez le médecin, je n'arrive pas à prendre de rendez-vous, je recule l'échéance à chaque fois.

Congelée ou hiératique, je croupis dans mes spasmes.

Chaque matin, je me berce de l'illusion que ma toux s'apaisera, qu'elle s'évaporera avec le temps qui passe.

Une petite rébellion intérieure s'amorce en moi, je la provoque, je lui lance un défi. C'est moi qui vais gagner, tu vas décamper, saleté !

Je me demande alors quelles seront les conséquences si je ne me soigne pas. « Qu'est-ce que je risque après tout ? ! Je suis vraiment curieuse de le découvrir, est-ce que je vais crever si je ne fais rien ? »

Ma toux finit par devenir une sorte de double de moi qui m'habite et m'accompagne. Je ne suis plus seule. J'ai ma toux pour me tenir compagnie. Pour « *me* » tenir. Je fais tout avec elle. Nous sommes deux. Moi et ma toux. Je m'y suis habituée. Je tousse. C'est comme ça. Ce sont les autres, mes sœurs, des personnes que j'interviewe, qui la rappellent à moi, moi qui l'oublie.

Je fais un autre constat, celui de mon incapacité à travailler et à me concentrer plus de cinq minutes.

Que vont devenir mes projets professionnels ? Je ne peux pas regarder un film, une série ou un documentaire. J'ai beaucoup de mal à écouter de la musique ou les informations à la radio, ce qui est très gênant pour une journaliste ! Je n'arrive pas à m'informer, à voir la souffrance animale que je croise quotidiennement dans le cadre de mon travail, afin d'écrire un article, ou encore à tenir une conversation car au milieu de la phrase que j'ai commencée, je ne me souviens plus du début de mon propos.

Je peine même à m'exprimer. Les sons du monde me sont devenus difficilement supportables parce qu'intraitables.

Ma bouche reste close, presque aucun son n'en émerge. Seules des larmes s'écoulent parfois, accompagnées de gémissements étouffés, surtout au début, et de plaintes murmurées en psalmodie, un chuchotement de mots que simplement les endeuillés enfermés dans le secret de leur chagrin connaissent.

Je revis en boucle les moments de sa fin de vie avec un effet grossissant. Je m'arrête sur un mot, je zoome sur un regard, je fais résonner une phrase en marche avant, puis en marche arrière. J'ai comme un petit vélo dans la tête. Je *binge-watch*[1] mes deux ans à ses côtés jusqu'à la scène finale.

Qu'adviendra-t-il de ma propre peau, à présent ?

Mon cerveau oublie, il a des difficultés à penser clairement. J'ai l'esprit constamment confus, je perçois mes difficultés à traiter les informations ; ma perception du temps est altérée et j'ai des problèmes de mémoire. Si notre esprit a plusieurs circuits d'énergie, le chagrin ou le deuil – comment nommer cette invasion ? – occupe quatre-vingt-dix-neuf pour cent des miens. Mon cerveau tente de tourner cette nouvelle information dans tous les sens pour trouver un endroit où l'insérer. Il essaye de la rendre acceptable. Mais mon corps me rappelle qu'il rejette cette idée. Cependant mon cerveau y travaille sans que je ne m'en rende compte.

Il ne me reste par conséquent plus qu'une seule unité d'énergie pour tous les autres gestes et les pensées de ma vie quotidienne.

---

1. *Binge-watcher* : néologisme et anglicisme qui désigne le fait d'enchaîner le visionnage de plusieurs épisodes d'une série télévisée ou d'une succession de films, parfois toute la nuit, généralement sur une plateforme de streaming.

Je me rends alors compte à quel point nous sommes très mal informés sur ce sujet.

Il me semble pénétrer dans le monde rare et confidentiel des initiés à la mort de leurs parents, après avoir été propulsée dans celui des aidants. Celui des enfants devenus vieux. Ou peut-être simplement grands.

La mort, ce sujet délicat et tabou, cette vérité inéluctable que nous nous efforçons d'éluder, cette pandémie implacable et universelle qui sème à la fois effroi et silence, me trouble et m'obsède. Je relègue cette réflexion à l'arrière-plan de mon cerveau ; un jour je l'aborderai en profondeur. Bien que je ne puisse pas l'explorer pleinement pour le moment, un bref sentiment de réconfort m'envahit, sachant que mon esprit critique demeure toujours en veille au plus profond de moi. Mon désir ardent de compréhension et de mise en lumière s'est simplement tapi sous forme de braise. Je sais qu'il se rallumera, un jour.

Mon appétit s'est évanoui. J'ai perdu du poids et manger devient une corvée.

Tout est clos. Enroulé. Immobilisé. Verrouillé.

Je veux me momifier. Me figer dans le temps.

Personne n'aborde ces bouleversements physiologiques et psychologiques, ni la société, ni notre système éducatif. Même le processus de tomber malade, lorsque notre système immunitaire encaisse un coup à cause du choc et de la perte, reste largement inexpliqué. Je me perds dans cette confusion, ne sachant plus discerner la normalité de la dépression. Ce n'est que plus tard que je réaliserai que c'était l'une des étapes du processus de deuil.

Ce sentiment d'appartenir à un cercle très restreint, celui des personnes endeuillées, me pousse à envisager l'écriture sur ce sujet. Cela suscite en moi le désir de regarder des documentaires.

À l'exception d'un reportage sur les expériences de morts imminentes, qui m'apporte un réel réconfort en raison de sa similitude avec mon expérience à l'hôpital où j'ai assisté aux phases de pré-agonie et d'agonie de maman, je n'arrive pas à regarder d'autres documentaires. Je peine à rester éveillée plus de cinq minutes, ma tête alourdie par le sommeil. J'ai été le témoin de la mort, minute après minute, d'un être humain. J'ai vu ma mère s'éloigner, lentement, irrémédiablement. Cela ébranle tout. Oui, il y a un avant. Et il y a un après. Ai-je pour autant cessé depuis mon rôle – ou ma nature – d'accompagnatrice aidante ?

Je me prends à envier et à être inspirée par la jeune influenceuse Kenza que je viens de découvrir dans une vidéo ; elle qui parvient à s'exprimer avec clarté, à articuler ses pensées et à soutenir des arguments élaborés, tout en étant filmée, maquillée, coiffée et manucurée. Si belle. Deux mois seulement après le départ de sa mère.

Quant à moi, j'en suis loin.

Ma propre incapacité à me mouvoir normalement et à retrouver ma vivacité d'esprit me pousse à effectuer davantage de recherches, ce qui me demande paradoxalement un énorme effort d'attention et de concentration.

Je me réjouis simplement d'avoir réussi à me lever et d'avoir, vêtue d'un jogging, promené mon chien. Je dois apprendre la patience ; cela ne fait que trois semaines que je réapprends à vivre. Après la première phase, tumultueuse, celle de la perte brutale, des obligations familiales, des amis présents, des condoléances et des funérailles, vient maintenant le temps de réapprendre à vivre. Lentement. En creux. Sans elle.

J'ai perdu bien plus qu'une mère ; j'ai perdu celle qui était présente à chaque instant de mes journées, celle sur qui j'ai veillé. Je ne fais pas seulement le deuil de maman, je dois aussi abandonner celle que j'étais et que je ne serai plus jamais – *mon statut de fille, à jamais évanoui* –, tout ce qui constituait mon quotidien et était lié à ces deux dernières années passées presque chaque jour à ses côtés.

Tous mes repères ont volé en éclats.

Je me sens dissociée.

Difficile de tirer et de porter sa valise pour quelqu'un qui avance en flottant, dans le fracas du quai de la gare Montparnasse durant la période des fêtes de fin d'année et dans un wagon rempli à craquer de parents et d'enfants bruyants.

Le front collé au carreau, la tête constamment lourde, je regarde le paysage défiler à toute vitesse vers Bordeaux, tandis que je commence à fouiller dans les « rayons de la mort », parcourant les pages de Google pour tenter de comprendre ce qui m'arrive. À ce stade, je suis résignée.

Mais sommes-nous si résignés, lorsque nous amorçons une quête de compréhension de nous-mêmes ?

Le soir du réveillon, je monte me coucher avant 22 h 30. Les mots deviennent un tumulte inaudible, mon cerveau saturé peine à traiter la cacophonie de sons et des informations de ce joyeux dîner de Noël, entourée de mes neveux et nièces. Je perds le fil de toutes les conversations qui se déroulent en parallèle et s'entrecroisent à table, entre rires et chants. Je ne peux plus faire semblant. Mes batteries sont à plat. Je me lève avant de déballer mes cadeaux, et, sans m'en rendre compte, je manque de tomber dans la trappe ouverte au sol, que je n'avais pas vue sur mon chemin, qui donne sur un escalier menant à la cave à vin quelques mètres plus bas. Ma sœur, aux yeux émeraude, après m'avoir surprise au bord de la chute sans que je ne m'en aperçoive, me lance un regard interrogateur, puis me demande, inquiète, si j'avais vu l'ouverture. *Non, je n'ai rien vu.* J'ai esquivé le trou noir, comme dans mon cauchemar. La réalité a toujours plus d'imagination que la fiction.

Entourée des miens en ce Noël, l'absence de ma mère n'en est que plus cruelle. Pour ne pas heurter de plein fouet ce vide qui me traverse, je ressens le besoin de m'extraire.

Pourquoi suis-je ici ? C'est avec maman que je devrais fêter Noël.

Où est-elle passée ?

Me retrouver seule pour la retrouver.

Je suis pourtant si heureuse de les savoir tous près de moi, de me sentir parmi eux. *Que ferais-je seule ?*

Je passe une grande partie du reste des fêtes, malade et alitée toute la journée, la tête au-dessus des toilettes ou une bassine à côté de moi. Des journées et des nuits à dormir et à vomir jusqu'à la bile. Je fais partie des Français malades cette année-là à cause des huîtres contaminées en raison des fortes pluies. Il ne manquait plus que cela !

Un matin, je divague et j'appelle maman, en pleurant, sans que personne ne m'entende, comme prise d'une fièvre. Je suis au dernier étage de la maison, tandis qu'ils sont tous réunis dans la salle à manger au rez-de-chaussée. Quelques heures plus tard, une de mes sœurs décide de me prendre par le bras, de me sortir de mon lit, estimant qu'il est temps que je me lève et me lave. Je tiens mal debout. Avant que je n'entre dans la salle de bains, elle crée une ambiance de spa avec des fragrances d'huiles essentielles, une bougie allumée, de la musique apaisante et l'eau chaude qui coule du robinet. Je m'immerge dans ces vapeurs, me déshabille, et elle me donne un bain, me shampouine, puis me rince les cheveux dans la baignoire, m'entourant de douceur et d'attentions. Je barbote, la chaleur de l'eau glissant le long de mon dos courbé, la tête reposant sur mes jambes repliées, tandis qu'elle tient le pommeau de douche entre ses mains.

Chaque geste ankylosé est laborieux mais mérite d'être accompli.

De retour chez moi, *de qui m'évader puisqu'il ne reste plus que moi-même à fuir ?*

C'est ainsi que je commence cette nouvelle année.

Mais qui suis-je en ce début janvier 2024 ?

Une nouvelle envie s'empare soudain de moi.

Je ressens le besoin de la présence d'un homme dans ma vie ; sa voix, ses mots, son regard sur moi, son énergie. Je n'envisage pas de continuer sans cette altérité et cette complémentarité que peut m'offrir une présence masculine dont je n'ai jamais autant ressenti le besoin. Un samedi soir, la vie m'offre un cadeau que je suis allée chercher.

Je rencontre Barnabé.

C'est inespéré pour l'endeuillée que je suis. *Quelle est la bonne fée qui l'a mis sur mon chemin ?*

Ma toux persistante cesse le soir même où nous avons partagé notre première nuit d'amour et notre sommeil. Je ne sais plus très bien quelle est la frontière entre la réalité et notre imagination, Barnabé, tant tu habites mes journées.

Je me suis attachée à toi comme on se cramponne à la vie qui renaît après une longue période d'hibernation où le désir était figé, fauché, mais qui soudain ne se sent plus jamais rassasié.

Barnabé. Inattendu.

Quelle est la probabilité dans ma vie d'un tel scénario ? Et comment accepter que cette nouvelle histoire, vouée à s'achever, ne me ramène pas à la même solitude, à la même mélancolie morbide qu'avant son commencement ?

Comment ne pas tomber dans la dépendance affective qui se profile, vu mon terrain de départ, celui de ma fuite en avant et de ma chair pétrifiée qu'il fait renaître ?

Je me laisse emporter par cette nouvelle rencontre et je prends du plaisir comme jamais auparavant, m'affranchissant du passé.

Toi, ma plus belle échappatoire.

Comment vais-je faire sans ton désir, pour me fuir et me fondre dans une autre réalité que la mienne maintenant que ton train a quitté la France ?

En attendant, je ne te dirai rien, je veux garder ta forme d'autorité naturelle que j'aime, dont je sais avoir besoin pour ne pas m'effondrer, et que je te laisse faire régner sur moi. Je donne mon consentement à ton emprise. Une soumission dont je sens pouvoir m'extraire quand je le décide. Elle a pour avantage de me faire lâcher-prise et glisser hors de moi-même.

La mort, dans toute sa cruauté, décomplexe.

Elle impose sa loi, devenant ainsi mon alliée, me forçant à affronter le présent, à accepter tout ce qu'il offre, malgré mes nombreuses tentatives de rejet et de ruptures avec Barnabé. Peu importe le prix, elle m'emmène directement vers l'essentiel. Moi-même. Et mon allégeance au désir de Barnabé qui devient le mien. Le nôtre. Tout devient envie en moi. J'ai envie de son regard sur moi tout le temps. L'envie de lui me réveille le matin et me tenaille jusqu'au soir.

Son désir, mon amnésie salvatrice.

Je ne sais pas comment il réussit ce miracle.

Je sais la dépendance temporaire.

Peut-être sont-ce les ailes de maman qui ont facilité mon envol avec Barnabé ?

Maman, qui un jour m'a déclaré – à moi, la « *fille préférée* » selon mes sœurs – que j'étais disponible pour venir m'occuper d'elle, estimant que je n'avais rien d'autre à faire, contrairement au reste de la fratrie qui avait des devoirs à surveiller, des dîners à préparer, des sorties d'école à honorer, des maris à soigner, des vacances à organiser et des fesses à torcher.

« Le train part et le désir reste », me suis-je répétée à plusieurs reprises alors que j'appréhende le vide imminent causé par ton départ, Barnabé, toi qui es survenu au pire moment de ma vie. Deux départs en quatre mois, cela fait beaucoup. Je dois maintenant faire le deuil de mon désir.

Depuis, j'ai fait preuve de raison et ma libido s'est apaisée. Il était temps, car la situation devenait ingérable et perturbait mon quotidien.

Ce désir qui m'a engloutie fait-il partie des phases normales du deuil ?

Étrange est le pouvoir de l'inconscient. Je me retrouve de nouveau confrontée à la disparition et au vertige de la solitude.

Adieu, Éros. Me voici à nouveau seule avec Thanatos.

Le nouveau chapitre de la vie qui s'ouvre à moi est celui de mon livre, dans une étrange synchronicité qui s'aligne presque parfaitement avec le départ de Barnabé.

Je choisis de mentionner ici Barnabé parce que je ne crois pas aux hasards. Il m'a poussée vers le monde des vivants avec sa vitalité, son esprit de conquête et son tempérament affirmé. Sa façon d'être en demande de moi, de me regarder et de me le dire, et surtout sa faim et sa soif de moi m'ont extirpée du monde des morts.

La mort redistribue les cartes et modifie tout ; je ne suis plus certaine d'être celle que j'étais. Je veux tout brûler, tout réinventer, tout dévorer et expérimenter. Cette mutation me fatigue.

Je n'avais pas prévu d'éprouver autre chose que la douleur du vide et de ma peine.

J'ai tenté de rompre le lien avec lui à plusieurs reprises, mais je suis toujours revenue. Au début, Barnabé, j'avais l'impression que tu touchais une plaie béante qui n'avait pas encore cicatrisé, alors je retirais rapidement mon bras pour éviter la douleur et ne rien ressentir. Peu importait la potion que tu versais sur moi – qu'elle soit miel ou vinaigre –, avec ton langage et tes intransigeances, avec ta voix et tes demandes, l'anesthésie de la mort luttait contre l'appel de la vie. Cette lutte a persisté jusqu'à ce qu'une ligne de crête se dessine entre les deux, qui finirent par se tenir par la main et s'étreindre comme deux sœurs siamoises, le temps d'une trêve.

J'en aurai mis du temps mais ça y est, je ne coupe plus le lien, je saute.

Et la mort laisse la place à la « petite mort ».

CHAPITRE 2

DU CANCER TU AU CANCER QUI TUE

Un matin de 2021, au volant de sa Mini Countryman bleue, maman et moi nous dirigeons vers la rue d'Auteuil dans le XVIe arrondissement de Paris, en route pour le laboratoire d'analyses où elle doit passer des tests. Elle tient à ce que ce soit moi, et non son mari, qui l'accompagne, car elle souhaite que ce moment reste une affaire « entre femmes ». Je suis également la seule de ses filles à habiter près d'elle.

À notre arrivée, pendant qu'elle m'attend assise, je prends soin d'expliquer de manière pédagogique à l'infirmière qui s'occupera de sa mammographie qu'il est impossible que ma mère reste enfermée dans une pièce pendant l'examen, car elle souffre de sévère claustrophobie. La porte devra toujours rester ouverte, sinon elle risque de tourner de l'œil ou la situation risque de mal tourner tout court. J'essaie d'expliquer cela à mi-voix, sans paraître autoritaire ou sans sembler vouloir imposer un caprice de la part de cette patiente un peu inhabituelle. Je découvre, dès cette première étape, ce qui se confirmera tout au long de notre future épopée : la difficulté pour le corps médical français d'intégrer, dans son itinéraire de santé souvent mécanique et désincarné, une dimension humaine, adaptée et personnalisée. Pourtant, nous rencontrerons des médecins exceptionnels et des équipes très attentives à notre cahier des charges un peu spécifique, compte tenu de la personnalité de ma mère.

L'infirmière, compréhensive, fait preuve de beaucoup de patience et de douceur, et laisse la porte entrouverte. Cette première phase de l'examen se passe très bien. Alléluia !

En revanche, la seconde partie de la consultation manque de tourner au vinaigre lorsqu'un médecin, auquel je n'ai pas pu parler au préalable, emmène maman dans une toute petite pièce au fond, ressemblant plus à un placard qu'à une salle d'auscultation, pour lui faire son échographie, sans avoir les mêmes égards que l'infirmière. Je suis dans la salle d'attente. J'ai oublié qu'une mammographie se passait en deux temps. Je n'avais prévu ni l'échographie ni les pourparlers avec un autre médecin. Je ne sais pas comment j'échappe au mini-esclandre que je redoute, car lorsque maman ressort, je comprends à ses grands yeux écarquillés et mécontents qui m'attrapent du regard qu'elle ne se sent pas très bien.

Après avoir remercié – avec insistance et à coups de sourires contrits, et de la façon la plus expéditive possible – le personnel médical, les assistantes, les prochains patients, le plafond, Dieu et tous ses saints, nous repartons dans les embouteillages en cette fin de journée parisienne, et je raccompagne maman chez elle. *Tutto va bene.*

Merci, au revoir, *ciao, arrivederci... Sayonara*[1] !

Ce jour-là, je compris plus encore que nous n'échappons jamais à l'histoire de notre enfance, et que celle-ci, dans les derniers instants

1. *Sayonara* : au revoir/adieu en japonais.

de notre vie, nous rattrape avec ses traumatismes, ses fantômes, ses regrets et ses remords, nous faisant redevenir le petit enfant fragile et sans défense que nous avons été.

Évoquer mon parcours d'aidante et les derniers instants de vie de ma mère implique de parler d'une partie de ses origines et des miennes, de mettre en lumière le milieu dont elle est issue, de faire le lien entre la petite et la grande histoire, ce qu'elle a cherché à retracer et à partager avec moi, dans un besoin de se raconter, surtout à la fin de sa vie. Maman est un personnage unique dont il nous faudra, mes sœurs et moi, faire le deuil, en plus de celui d'une mère. Sa famille, d'origine corse, s'était installée au Maroc. Ma grand-mère maternelle, que je n'ai, à regret, jamais connue, est née en Algérie et est décédée à Casablanca lorsque ma mère était enfant.

Maman n'avait que cinq ans quand elle perdit sa mère. Cela la marqua au fer rouge à jamais. Pendant presque deux ans, elle perdit l'usage de la parole.

Cet événement eut un impact et un retentissement direct sur ma vie. Mon lien avec ma mère et mon rôle d'aidante prennent probablement leur source ici, expliquant mon héritage et, je crois, définissant ma position d'aidante ainsi que ma place dans l'histoire de ma famille.

Suis-je devenue, en quelque sorte, la réponse au désir inconscient de ma mère d'être la « Murette » (son surnom d'enfant) qui aurait aimé prendre soin de sa mère et la sauver, un rôle qu'elle n'a jamais pu accomplir, enfant ? Dans les derniers instants de sa vie, a-t-elle ressenti encore plus intensément le regret ou la culpabilité qu'un enfant peut porter lorsqu'il n'a pas réussi à sauver son propre parent, dans son illusion de toute-puissance ? Attendait-elle de ma naissance que je la sauve ou que je répare ce lien mère-fille, brisé si violemment ? À travers moi, était-ce elle qu'elle réparait de cette perte maternelle originelle ? Était-ce elle qu'elle n'abandonnait jamais ? Ne lâchait jamais ?

Voici un des déterminismes qui plane sur la « fille préférée ».

L'enfant à qui revient la mission de présence et de soutien vis-à-vis de son parent, avant même que les causes de celle-ci ne se manifestent, le sait et le pressent.

Deux autres événements eurent un impact majeur sur sa vie, y compris sur nos tentatives de la faire soigner lorsque la maladie se manifesta ; car les répercussions des traumatismes de l'enfance sur l'adulte sont tenaces. Le premier, qu'elle me confia vers la fin de sa vie, fut d'avoir été enfermée dans un placard des heures durant, en guise de punition ; elle fut tellement traumatisée qu'elle en devint sévèrement claustrophobe. Ceci eut pour conséquence directe l'impossibilité de sa prise en charge médicale complète dans son parcours de soins, malgré notre persistance à la faire suivre et mieux diagnostiquer.

Le dernier traumatisme fut le coup de grâce, lorsqu'enfant, placée chez ses grands-parents après le décès de sa mère, elle se sentit enfin renaître à force d'être comblée de leur amour et de leurs soins, en présence de sa superbe chatte sacré de Birmanie, et entourée des objets qu'elle aimait : son violon et cette grande bibliothèque que son grand-père, maire de Casablanca pendant presque trente ans, mit à sa disposition, ce dont elle ne se priva pas. De tout ce décor de vie, elle fut déracinée, telle « une plante qu'on pote et qu'on dépote » pour reprendre ses propres mots prononcés dans les dernières semaines de sa vie, pour être replacée auprès de son père, le petit Corse, qui allait se remarier avec une grenouille de bénitier, afin que la fratrie des culs-bénis soit réunie, même si ces deux derniers la négligèrent allègrement.

Ce nouvel arrachement à un lien humain si vivant et vital pour l'enfant, qui n'aurait jamais dû se dissoudre une seconde fois dans le néant, fut vécu par maman comme un choc profond et un second deuil. Moi, née la quatrième de la fratrie, tout comme elle dans la sienne ; moi, la seule pour qui elle arrêta de travailler et prit un congé maternité de six mois ; moi qui déteste les au revoir ; moi qui ai la sensation d'avoir le fantôme de ma jolie grand-mère, parfois, flottant au-dessus de ma tête le soir quand je m'endors. Moi détestée par une des sœurs de maman, parce qu'Éloïse « est la quatrième comme Murette ».

Moi, la « fille préférée », qui n'ai rien demandé.

Tout cela explique-t-il ce lien fusionnel que nous avons toutes les deux depuis ma naissance et sa phobie de la solitude ?

Pour ceux qui la connaissent – *eh oui, même si elle n'est plus là, il m'arrive souvent de parler de maman au présent* –, ses racines, ses valeurs, ses combats et son éducation sont profondément entrelacés avec son rapport humaniste au monde, sa blessure d'enfant et de femme déracinée, ainsi que son lien à la maternité initialement coupé. « Née ailleurs qu'ici », c'est ainsi qu'elle aimait définir son origine dans la vie. Elle voudra vivre la sienne, chez elle, sans bouger, jusqu'au bout.

Durant toute sa formidable carrière de journaliste, de grand reporter et d'écrivain, ainsi que tout au long de sa vie de mère, d'épouse et de femme, elle s'efforça de réparer les déchirures et les injustices de son enfance en reconstituant le décor de ses heureuses et douces années qui lui avaient été arrachées.

D'autres souvenirs la hantèrent comme celui de la petite fille, à qui son violon fut volé, probablement substitué – comme elle me l'a confié – par l'aîné de la fratrie, son frère, aujourd'hui défunt, afin d'être revendu une petite fortune. Elle ne put jamais le tenir à nouveau dans ses mains, ce qu'elle me confia quelques mois avant de « *quitter la maison* », de plus en plus fâchée, à juste titre, par ce préjudice contre lequel ni l'enfant ni l'adulte ne purent jamais rien.

Il est difficile d'assister à la souffrance de l'enfant dans la mère, et de ne rien pouvoir faire.

Être aidant, c'est être renvoyé chaque jour à sa propre impuissance. C'est voir dans sa mère la petite fille, et essayer de la comprendre.

Car dans les derniers moments de sa vie, la petite fille prit de plus en plus le dessus sur toutes les autres fonctions, et, dans une inversion des rôles, me désigna, peu à peu, comme sa propre mère, même si elle conserva le « souci de moi », et m'entoura de toutes ses forces, de toute son écoute, de ses conseils, de son aide et de toute son intelligence de maman, tant qu'elle le put. Mais elle fut aussi prête à tout pour me garder près d'elle, parfois à mes dépens.

J'ai posé ici – je crois – les bases et les fondations du pourquoi inconscient, dont je suis en réalité très consciente, de ma mission d'aidante.

Je restitue ici une partie du récit de ma mère. Je n'étais pas là pour vérifier les faits, je n'étais même pas là pour assister à ma propre enfance.

De quoi nous souvenons-nous, adultes, consciemment et verbalement sans passer par l'aide d'un thérapeute pour faire ressurgir, avec un effet miroir et de transfert, ce que chacune de nos cellules a enregistré dans le liquide utérin et dans ce que nos rêves recrachent parfois, sous forme de trou noir et de chute ? Peu importe ici l'aspect factuel tel qu'un journaliste le traiterait.

Je ne suis pas un juge et encore moins la biographe de ma mère. Je n'y tiens pas et elle détesterait cela. Ce qui compte, c'est notre perception, notre ressenti et la façon dont chacun d'entre nous restitue sa propre histoire, en tentant de se la réapproprier et de la comprendre, pour la réparer et parfois juste pour ne pas devenir fou.

Il s'agit, je pense, de ce que chaque personne en fin de vie tente désespérément de faire. Les souvenirs, enfouis dans nos cerveaux qui oublient, tentent d'émerger à nouveau. Les vieux racontent. Et dénouent le fil de leur vie qui est aussi la nôtre. Le seul aspect qui m'intéresse ici, c'est ce que maman ressentait dans sa maladie et pendant ses dernières années ; ce sont ses peines et ses douleurs qui m'inquiètent et me fendent encore le cœur aujourd'hui, peut-être, parce que j'aurais pu, j'aurais dû mieux l'écouter, la comprendre, et aider la petite fille en elle à ne pas avoir mal.

Cette culpabilité-là, je la porterai toute ma vie. Celle de ne pas avoir mieux fait lorsque je le pouvais. Je suis aussi consciente que s'enfermer dans la douleur et la faute est une façon de conserver un lien avec l'être disparu. Je garde pourtant cette impression de ne pas en avoir assez fait, ne pas l'avoir assez écoutée, car je crois que c'est tout ce qu'elle demandait.

C'est cela, être aidant. C'est douter constamment et se demander si nous avons été à la hauteur.

En septembre 2021, je pose mes valises à Paris, ce qui ne déplaît pas à maman. Le retour à la vie parisienne est rude après une année passée dans ma chère Corse, seule, dans une grande maison isolée, à profiter lors du deuxième confinement de la nature et des odeurs du maquis.

Adieu soleil corse, bonjour soleil gris ! Après neuf mois de travail et de rencontres professionnelles, je prépare un nouvel article pour la presse écrite. Par instinct, je choisis un sujet que je ne connais pas et que j'ai toujours fui et détesté, par peur et ignorance, qui porte sur cet univers rempli de fantômes, de lits d'hôpitaux sentant l'éther, d'odeurs de formol, de blouses blanches, d'eau de javel et de néons verdâtres ; je plonge dans l'histoire et le témoignage de femmes ayant été victimes de cancers, et tout particulièrement de cancers du sein.

Je dois les interviewer après avoir lu leurs livres et le récit de leurs parcours intimes au cœur de la maladie, au travers de leur vécu, de leur ressenti ainsi que de celui de leur entourage.

Pourquoi ai-je choisi ce sujet sur lequel je ne connais rien, ce qui pourrait en soi justifier ma décision puisque mon travail est de lever le voile et de transmettre l'information de spécialistes au grand public ? Il s'agit d'un choix instinctif qui me perturbe, me désenchante et que je regrette presque.

Mon article abordera les étapes de soins et comportera un point sur les avancées technologiques de la médecine dans ce domaine, avec l'interview d'experts.

C'est durant la préparation de ce sujet vers lequel je me suis sentie attirée, sans savoir pourquoi, que tombe la nouvelle de sa maladie à la suite d'examens médicaux que maman a dû faire.

Les dates et les rendez-vous se confondent parfois dans ma mémoire, je dois même appeler une de mes sœurs afin de vérifier la chronologie de certains événements, alors que je les ai vécus. *Pourquoi ces trous de mémoire et cette confusion ?*

Nous sommes en octobre-novembre et les résultats du dernier examen de maman tardent. Nous trouvons cela curieux avec mes sœurs de ne pas avoir de retour depuis toutes ces semaines, et nous commençons à nous appeler, interrogatives, à ce sujet.

Puis, un matin, nous recevons un texto de son mari, nous partageant la nouvelle : tout va bien, maman n'est pas malade !

Ouf ! Youpi ! Nous nous réjouissons, soulagées.

Quelques heures plus tard cependant, un autre message nous parvient, nous révélant une tout autre réalité : maman a des cellules cancéreuses.

Pourquoi cette alternance de nouvelles qui nous frappent comme une douche écossaise, nous laissant tour à tour rassurées puis assaillies par l'angoisse, comme une gifle après une caresse ?

Cela aura sur moi pour effet de ne pas accepter l'idée que maman a un cancer. Je vis cette nouvelle avec un mélange de choc et de déni ; je n'y crois pas vraiment. Tout ira bien. C'est maman, elle s'en sortira. Et ce n'est qu'un petit cancer, le mieux soigné en France.

Après tout, le mot n'a pas vraiment été prononcé.

Je suis totalement immergée dans le moment présent, incapable de me projeter dans l'inconnu. J'ai toujours eu cette capacité, ou peut-être cette forme d'inconscience, lorsque je suis confrontée à une épreuve, de me fixer pour mieux avancer un objectif devant lequel tout le reste, inutile, s'efface.

Le soir même, j'ai maman au téléphone. Nous parlons comme si de rien n'était. Sa voix est toute guillerette. Je comprends très vite, et dès le début de la conversation, que je ne pourrai pas aborder le sujet avec elle, ni prononcer le mot... fatal, qu'elle n'est probablement pas au courant du diagnostic qui vient de tomber, qui lui a très certainement été caché ou minimisé, afin de la protéger.

Un nouveau scénario est en train de se dessiner.

Celui de sa maladie, passée sous silence. Son cancer, tu.

CHAPITRE 3

DE FILLE À AIDANTE

La veille du premier confinement dû au Covid, nous devions célébrer mon anniversaire toutes les deux, avec le mari de maman. J'annulai le dîner prévu : j'avais trop peur qu'elle contracte une infection à cause de ma seule présence.

Un copain m'invita à dîner ce même soir, la veille de l'annonce de la fin de nos libertés de circuler, que nous ne soupçonnions pas si proche, et qui est tombée comme un couperet. Ce fut la dernière fois que je profitais de toute forme de vie sociale avant cet enfermement forcé. Pendant cet étrange temps suspendu partagé avec le monde entier, ressemblant à un épisode en noir et blanc de *La Cinquième Dimension*, je ne vis maman que trois fois tout au plus. Lors de mes promenades avec mon chien, je passais chez elle pour récupérer un « cadeau » qu'elle me tendait par l'embrasure de la porte de son palier, qu'elle entrouvrait juste assez pour y glisser une main, toujours enveloppée d'un gant de cuisine blanc.

Masquée tout comme elle, j'allongeais mon bras et avançais prudemment dans l'escalier pour récupérer sa petite offrande, sans jamais voir son visage. Sauf une fois où nos regards se croisèrent ; ses grands yeux tentant d'accrocher les miens avec insistance exprimaient une tristesse profonde, et un souffle las émanait de sa bouche dissimulée par cet horrible masque imposé par les autorités. Ce bouclier sanitaire symbolisait à la fois sa consternation, son chagrin et son exaspération. C'était le temps de la vie volée. Ce petit rituel transgressif et exceptionnel, permis grâce à Marcel, fut notre seul contact pendant ce premier confinement.

Cela signifiait très probablement que nous étions là l'une pour l'autre malgré tout, et qu'elle continuait de prendre soin de sa fille, fidèle tout au long de sa vie à son rôle de mère d'origine marocaine : « Mange ! Tu as faim ? Vas-y, ouvre le frigo, sers-toi. »

Maman fut profondément affectée par ce premier confinement, et elle « glissa » très certainement durant cette période de déshumanisation et d'emprisonnement. Combien de personnes âgées en souffrance se perdirent à ce moment-là, dans les couloirs de la vieillesse, subissant cet isolement forcé, seules et abandonnées chez elles ou dans des mouroirs déshumanisés ? Je me demande parfois si un sentiment chaotique de fin de vie et si le cancer de maman ne se sont pas développés ou accélérés durant ce temps de grand abandon, de sidération, de désenchantement et de solitude, voire de choc et de colère que nous avons ressentis « *chacun seul mais tous ensemble* ».

Nos anciens ont subi tant d'injustice, d'irrespect, voire de mépris, mais surtout de cruauté de la part de notre société alors aliénée par une orthodoxie hygiéniste et ses infrastructures inadaptées et maltraitantes. Nous avons pourtant joué le jeu.

Face aux rumeurs d'un second confinement, je décidai à la fin de l'été 2020 de partir en Corse. Curieusement, je ne revis maman que bien après mon retour à Paris qui eut lieu à la mi-juillet 2021. Lorsque je franchis à nouveau sa porte, j'immortalisai nos retrouvailles en prenant une photo de nos mains enlacées, datée du 29 septembre. Plus de deux mois s'étaient écoulés, s'ajoutant à un an passé en Corse et à plusieurs mois de confinement.

Plus d'un an et demi donc sans nous voir, sans nous toucher, sans croiser nos regards.

La dernière fois que nous nous étions vues, maman et moi avions partagé un moment au coin d'un très beau feu dont elle seule avait le secret. C'est une des odeurs qui me manquent le plus de maman, l'odeur de ses feux de cheminée. Nous avions dégusté un copieux repas qu'elle avait dressé sur la belle table en bois du salon, ornée d'une nappe et de serviettes anglaises aux motifs à fleurs roses.

En novembre 2021, j'habite à Paris, très absorbée par mon travail, lorsque j'apprends la mauvaise nouvelle de sa maladie. À l'exception d'une de mes sœurs avec laquelle nous commençons à effectuer des recherches, et de quelques amis très proches à qui je l'annonce, je n'en parle jamais.

Une des rares personnes auprès de laquelle je trouve une parole libre et désinhibée sur le cancer est Zohra Bitan. Pour ceux qui ne la connaissent pas, Zohra est chroniqueuse dans les *Grandes Gueules* sur RMC. Elle sort à peine d'un double cancer du sein et du pancréas. J'avais suivi les étapes de sa maladie lorsque je vivais en Corse. Elle revient de très loin.

À l'opposé de maman, elle extériorise. Elle me raconte son parcours médical sans chichis, en toute transparence et spontanéité, les effets de la radiothérapie sur son corps. Elle me pose des questions sur ma mère, auxquelles je suis incapable de répondre lorsque je lui annonce son diagnostic, ou lorsque je lui parle de mon état et du sien.

À chaque conversation, je prends conscience du fossé entre Zohra et maman, et de l'étendue de mon ignorance. Cela suscite en moi un sentiment de malaise, voire de honte. Pourtant, je n'y suis pour rien. Alors j'écoute Zohra raconter ses épreuves, ses rendez-vous, ses étapes vers la guérison et sa résilience dans son combat. Parfois, nos échanges durent cinq minutes, parfois plus longtemps. J'absorbe ses mots, tout en comparant et en m'interrogeant, parfois avec envie... *Pourquoi maman ne prend-elle pas les choses de la même manière que Zohra ?*

Leurs deux univers sont totalement opposés ; d'un côté, celui de la parole déliée, et de l'autre, celui du silence. D'un côté, la maladie se mêle à la vieillesse, un double adversaire que nous devons feindre d'ignorer pour mieux le combattre et lui faire face. De l'autre côté, la maladie est une faucheuse qu'il faut agripper et plaquer au sol en lui tenant tête avec détermination pour la vaincre. Peut-on être plus aux antipodes l'une de l'autre ?

Auprès de Zohra, je trouve une autre force, différente de celle de maman. Je me rappelle avoir pensé : « Ah oui, la maladie peut également être vécue de cette manière, fascinant... » tandis que là-bas, on l'occulte, on l'oublie, on l'omet, on la masque, on ne la prononce pas.

Je suis prise dans les premières démarches et recherches d'informations à effectuer. Avec l'une de mes sœurs, la dynamique de relais se crée auprès de maman et surtout de son mari. Nous cherchons une machine qui permette de lui faire passer un scanner sans qu'elle ne se retrouve enfermée dedans. Le dernier rendez-vous médical avec son oncologue, auquel je n'ai pas assisté – j'avoue en avoir été soulagée car je sens bien ce qui pèse sur moi et commence à se profiler –, s'est très mal passé. Le mot « cancer » a été prononcé par la médecin devant elle, ce qui a provoqué un mini-scandale dans le cabinet. Mais le diagnostic n'en est pas moins tombé, ni moins juste pour autant. Maman rétorque qu'elle n'a pas de cancer et que la médecin se trompe, me rapporte ma sœur.

La directive de l'oncologue est pourtant claire ; il y a urgence à détecter si le cancer est métastasé et où en est son évolution dans le corps. Maman doit passer un scanner.

Ma sœur trouve l'une des rares machines destinées à faire passer un scanner aux femmes enceintes, constituée d'un unique anneau transversal en son milieu, au travers duquel le patient glisse, allongé, sans jamais s'y retrouver enfermé.

Mais la difficulté ne s'arrête pas là.

Déloger maman de chez elle alors qu'elle ne sort plus, et encore moins depuis le premier confinement, pour l'emmener à l'hôpital relève du parcours du combattant. Cela nécessite quelques jours avant un intense et subtil travail de préparation mentale. Elle a de plus en plus de mal à se déplacer. Sans compter l'aspect psychologique des effets fatigants et anxiogènes que toute sortie suscite chez elle, dès son anticipation. Les périodes de confinement dues au Covid ont été un facteur aggravant. Bien que nous ayons échangé très souvent lors de mon année passée en Corse, par téléphone et par vidéo, presque aucune de ses filles ne lui a rendu visite depuis mon absence. Cela l'a forcément affectée. Il est probable que l'extérieur soit devenu, pour elle, épuisant, voire hostile. Ainsi, en cas d'obligation de sortie, nous devons la prévenir le plus tard possible, car l'idée de quitter la maison l'angoisse davantage que le fait de la quitter réellement.

Lorsqu'il m'arrive de reprocher à maman de ne plus sortir, et que j'insiste pour qu'elle m'accompagne faire un tour avec les chiens ou simplement dans le quartier, elle me répond que sa chambre est son vaisseau, que sentir les gens, la vie, les cafés et les boutiques en bas lui suffit. Pour elle, « c'est pareil » que d'être dehors.

Cette observation soulève une question : les personnes âgées deviennent-elles trop fragiles et vulnérables pour affronter le monde extérieur ? Finissent-elles par se replier sur leurs souvenirs, réduisant leur univers à quelques pièces et à un cercle très proche ?

Comment soutenir quelqu'un dans la maladie lorsque cette personne ne reconnaît pas son propre état ?

Ma sœur Jeanne et moi avons tout tenté pour la convaincre de passer cet examen. Nous avons usé de la raison, de la gentillesse, de la colère, du silence, de la douceur, du mensonge, de la diversion, de la tractation, de la négociation, même du chantage ; de la patience à l'impatience... rien n'y fit. Une après-midi, je me rends chez elle avec la ferme intention de la convaincre par la force de mes arguments logiques ; un autre jour, je lui reproche son comportement comme on réprimande un enfant, et je lui intime instamment d'écouter et de suivre la science et le savoir des experts en blouse blanche ; lors d'une troisième tentative, je joue sur la corde sensible et les émotions, partageant avec elle mes préoccupations et mon sincère désarroi, les yeux humides. Autant parler à un mur.

Maman n'a jamais passé ce deuxième examen pour déterminer si son cancer s'était propagé, et nous n'avons jamais su à quel stade il en était. Bientôt, je serai une soldate à ses côtés, prête à affronter l'adversité comme un fantassin en première ligne, armée de ma seule détermination dans mon désir de la protéger. Mais contre quoi et contre qui devrai-je me battre, et dans quelles tranchées notre ennemi se cache-t-il ?

Les semaines passent. Je me rends chez elle, après avoir reçu un SMS dans lequel elle me dit être fatiguée et ne pas se sentir bien. J'entre dans son appartement avec un double des clés. Après avoir salué le bouledogue et le carlin venus me souhaiter la bienvenue, je la découvre allongée dans son lit, en plein jour, une bassine à côté d'elle, somnolente et incapable de prononcer plus de trois mots. Comment pouvais-je imaginer un tel spectacle alors que nous échangions beaucoup de messages écrits ?

Pour la première fois, je la trouve sans force, absente, invalide, incapable de parler. Sachant qu'elle ne peut pas rester seule dans cet état, j'attends le retour de son mari, après le départ de Romane qui travaille chez Petits-fils[1] et que je ne connaissais pas jusque-là.

Je reste à son chevet avec les trois chats persans, qui dorment et s'étirent paisiblement près d'elle. Je donne à manger à cette petite ménagerie sur un fond de radio, je surfe sur mon mobile après m'être rassise à son bureau aménagé en face de son lit. Je la regarde. Je vois nos photos d'enfance dans un cadre sur le mur à côté d'elle, moi à huit ans avec ma frange et ma tresse, souriant et ouvrant mes cadeaux à Noël, en robe à smocks rose et gris. Une de mes sœurs, tout sourire et très belle dans sa jupe noire sexy, lors d'une des soirées dont maman avait le secret, mélangeant joyeusement amis et famille ; une autre où je suce mon pouce dans les bras de ma sœur aînée à côté d'Hubert, le carlin de notre enfance, coiffé d'un bonnet de layette en laine rose tricotée par une de mes tantes corses, que nous lui mettions parfois sur la tête lors de nos dîners familiaux dans la salle à manger. L'interphone sonne alors, je réceptionne les courses et les range dans la cuisine. Je me rassois. Je la regarde.

J'attends, dans un nouveau silence. L'attente de l'aidant s'installe, comme un trait d'union entre le passé et le présent.

J'essaie de comprendre ce qui arrive à maman, et pourquoi elle reste alitée, engloutie sous sa couette, mais ni elle ni Romane, que j'ai croisée, ne m'apportent d'explications. L'une est incapable d'en donner parce qu'elle est endormie et invalide, l'autre ne sait pas ce qu'il se passe. C'est moi qui expliquerai des mois plus tard à Romane, alors que nous nous rendons toutes les deux chez le vétérinaire pour soigner l'un des chiens malades, et parce que nous parlons de plus en plus ensemble, les raisons de l'état de maman à son arrivée. Je me rendrai alors compte que Romane n'était même pas au courant de sa maladie.

---

1. Petits-fils est un réseau national d'agences qui propose une aide à domicile complète pour les personnes âgées ayant perdu leur autonomie.

Je me rappelle mon anxiété grandissante en rentrant le soir, me retrouvant seule face à cette première et douloureuse inversion des rôles, et à ces nouvelles questions qui surgissent. Pourquoi maman est-elle soudainement alitée ? Même si je sais qu'elle est malade, j'aimerais comprendre ce qu'il se passe dans son corps qui expliquerait ce dont j'ai été témoin aujourd'hui. Parfois, je me sens « victime » de ce mutisme de plus en plus pesant.

Je crois me souvenir que c'est le soir même, en appelant ma sœur, n'en pouvant plus, que j'obtiens la réponse à mes questions : maman a accepté de commencer un traitement plusieurs jours auparavant, l'hormonothérapie.

J'entends ce mot pour la première fois dans la bouche de ma sœur, et après avoir raccroché, je pars aussitôt à la recherche d'informations sur Internet pour mieux comprendre de quoi il s'agit.

Pourquoi n'ai-je jamais entendu prononcer ce terme par les médecins que j'ai interviewés au sujet du cancer ? Pourquoi ne m'a-t-on rien dit ? Je ressens une légère colère, ou plutôt un agacement. Maman m'a-t-elle volontairement tenue à l'écart pendant tout ce temps ?

J'avais commencé à trouver étrange son manque de sollicitations depuis mon retour de Corse, elle qui était toujours prompte à organiser un déjeuner sur le pouce. Et alors que nous nous appelions tout le temps quand j'étais là-bas.

Ce jour-là, durant l'hiver 2021, pour la première fois, j'incarne un rôle différent de celui de « fille de » en ceci que cette nouvelle place, dont je ne saisis pas encore tous les contours, semble immuable. Elle ne dure pas le temps d'une aide ou d'une complicité.

Elle s'installe comme la marche du temps, toujours avançant, jamais reculant. Elle incarne la responsabilité impérieuse de veiller sur maman, accompagnée d'un sentiment de bascule.

Les événements sont toujours flous dans ma tête dans leur enchaînement. *Mon cerveau oublie-t-il sciemment, pour pouvoir s'adapter au choc de ce que je suis en train de vivre, aux dates et à la chronologie des faits ?* Mais maintenant, je connais la raison pour laquelle maman est ainsi allongée, ce sont les effets secondaires de son traitement qui la fatiguent.

Je découvre des informations sur l'hormonothérapie grâce à mes propres recherches ; je n'ai aucun contact avec les médecins qui suivent ma mère, et je crois que tous les parents d'un malade se trouvent contraints de se renseigner par eux-mêmes lorsqu'ils sont confrontés à la découverte de la maladie de leur proche et à son lot de termes inconnus.

Le choix de ce traitement a été fait pour et par maman, probablement parce qu'il semblait être le plus adapté et le moins agressif. Elle plébiscite ainsi une option qui lui évite, ainsi qu'à son mari, la mise en place de toute une logistique de déplacements pour se rendre à l'hôpital et y subir une radiothérapie ou une chimiothérapie qu'elle n'aurait jamais pu supporter ni physiquement ni mentalement.

Une autre de mes sœurs avec qui j'ai une conversation téléphonique partage avec moi ce qu'elle considère être une bonne nouvelle : les cellules cancéreuses se reproduisant moins rapidement chez les personnes âgées, celles-ci se propageront donc plus lentement dans le corps de notre mère. Nous nous accrochons au moindre espoir. Tiens, prends ça dans la tête au passage, d'une pierre deux coups. Vieillesse et maladie, les sœurs siamoises, n'ont pas fini de faire parler d'elles.

Comment distinguer la vieillesse de la maladie tant les deux s'imbriquent ?

Comment lutter quand les deux avancent en cortège, se rejoignant et s'unissant inexorablement, dans un baiser de la mort ?

Je m'aperçois que je connais encore moins la vieillesse que la maladie. À l'exception de nos « petits vieux » sur leurs bancs dans nos villages en Corse, dont nous prenons un soin très particulier et que nous chérissons comme des trésors insulaires, je n'ai jamais eu de liens proches et intimes sur le long terme avec une personne âgée.

En revanche, dans le monde médical, je suis censée en savoir plus. J'interviewe pour la presse écrite un grand nombre de médecins et de chercheurs. Ces spécialistes déclarent, à ce jour, que « la vieillesse est une maladie », et la traitent comme telle afin d'en retarder, voire d'en effacer, les symptômes, le cancer étant considéré comme l'un d'entre eux. Leur objectif est de retarder l'âge de notre décès, ou plutôt d'allonger notre temps de vie en tenant compte de notre état de santé et de notre qualité de vie. Personne ne veut vivre vieux et malade, longtemps. Le but de leurs recherches est de nous faire vivre plus longtemps et en bonne santé.

Mais au pays de maman, un bilan de santé s'avère impossible. Je devrai entrer dans cet accompagnement de vie avec, de surcroît, de nombreuses inconnues dans l'équation. Double peine. Nous connaissons pourtant l'importance de la prévention par le dépistage précoce et l'amélioration de la prise en charge des cancers chez les personnes âgées.

Ces données de spécialistes à la rigueur scientifique reconnue internationalement et les informations que j'acquiers dans mon travail et que je relaye auprès de nos lecteurs ne me servent à rien dans la « vraie vie » auprès de maman.

J'entre donc dans ce parcours de soins en n'y connaissant empiriquement rien, strictement rien, que dalle… avec une mère à qui je ne peux même pas en parler sous peine de déclencher un conflit, alors que je commence à connaître et à maîtriser un savoir théorique dans les domaines de la biologie, de la médecine, de la nutrition, de l'épigénétique et de la santé, paramètres essentiels à prendre en compte lorsque nous traversons un cancer, un mot que je commence à peine à utiliser aujourd'hui en écrivant ce livre pour nommer le mal qui s'est emparé de maman.

Il faudra bien m'affranchir de ma culpabilité à écrire sur ce sujet. Car je suis devenue une gymnaste de la rhétorique concernant tout ce qui touche à l'échéance périssable. À coups de pirouettes linguistiques et de figures de style, je jongle entre litotes et euphémismes pour substituer à la vérité l'art de la dérobade. Ainsi, maman est « *partie rejoindre les étoiles* », elle nous « *a quittés* », elle « *n'est plus là* », mais elle « *est montée au ciel* », d'où elle « *veille sur moi* », en n'étant « *plus sur cette planète* » après avoir « *quitté son corps physique* » depuis son « *départ* ». Tout pour court-circuiter ces termes morbides de « maladie » et de « mort ».

Que cela soit par refus de victimisation, par désir de préserver son image, par peur et anxiété, par désir d'épargner ses proches ou de maintenir une sorte de normalité dans sa vie quotidienne, j'apprendrai peu à peu à honorer le choix de maman. Je peux même affirmer qu'elle a réussi à gagner mon respect au point que j'ai essayé de la protéger du mieux que je pouvais des réalités médicales et de ma propre faillibilité, même si je n'y parvenais pas toujours.

Mais comment lutter quand l'âge et la maladie semblent vouloir exulter dans l'amnistie d'un dernier souffle ?

L'une des leçons les plus fondamentales que l'aidant peut tirer de toutes ces épreuves est peut-être l'apprentissage de son propre lâcher-prise.

Cela implique de reconnaître ses propres limites, de faire confiance aux autres pour assumer certaines responsabilités, de permettre à la personne aidée de prendre ses décisions, et de maintenir son autonomie dans la mesure du possible.

Aimer dérange quelque chose dans notre ordre établi.

Lorsque nous aimons, il faut parfois apprendre à laisser un espace accessible à l'autre dans notre tête et dans nos vies. L'amour dérange et réaménage. Sinon, à quoi sert-il s'il ne modifie pas quelque chose en nous ? L'aidant doit lâcher prise, ce qui ne signifie pas abandonner, mais plutôt trouver un équilibre entre le soutien apporté et le respect de l'indépendance et de la dignité de la personne aidée.

Il est compréhensible de vouloir prendre des décisions pour la personne que nous aidons, surtout lorsque nous pensons agir dans son meilleur intérêt. Cependant, chaque individu a le droit de prendre part aux décisions qui le concernent, dans la mesure de ses capacités. Dans d'autres cas, lorsque la personne n'est pas en mesure de participer aux décisions ou de les comprendre, il est crucial de respecter ses volontés antérieures, ses directives anticipées, ses préférences connues ou, à défaut, de prendre des décisions en son nom conformément à la loi.

Je me souviens de ce qu'une amie m'avait dit, un soir, alors que nous dînions au restaurant : « Ce que ta mère fait est égoïste. Elle ne se soigne pas, elle est dans le déni de sa maladie. C'est vraiment puéril et irresponsable. C'est sur toi et ses proches que ça retombe. »

Je reçois cette parole comme sensée et raisonnable, mais fausse pour autant. Du moins, je la ressens physiquement comme telle dans mon corps. Peut-être est-ce l'opinion d'une personne qui lutte à contre-courant de la vie qui s'enfuit, et refuse de comprendre la complexité de la situation.

Or, la réalité, sans fard, est que la personne âgée et malade change. La vieillesse et la dépendance modifient son état de conscience et d'être, ainsi que son rapport à la vie et aux autres. Vous vous trouvez donc face au dilemme de devoir vous rappeler ce qu'elle aurait fait, aurait voulu et aurait souhaité pour elle-même lorsqu'elle était encore en pleine possession de ses moyens.

Un « bon » aidant émerge de l'effort constant d'adaptation. Il est celui qui doit parvenir à substituer à sa volonté, qu'il pense meilleure, celle de la personne aidée, chaque jour un peu plus réduite et affaiblie, en s'appuyant sur le souvenir de ce qu'elle était, en respectant ce qu'elle aurait choisi, elle, en dehors de sa vulnérabilité croissante qui la modifie, à ses dépens souvent.

Ici se niche également le risque d'emprise, de tentation de domination et de maltraitance que certains individus infligent à nos aînés soumis à leur volonté et à leur pouvoir, qu'il s'agisse de membres de la famille ou de professionnels de santé. Ces personnes sont souvent incapables de percevoir et d'opérer ce travail de plasticité et d'ajustement dans leur cerveau. L'enfant qui aide se trouve dans la position de devoir se substituer à son parent, dans un ordre qui semble contre-nature et qui, pourtant, est celui du cycle de la vie. L'aidant se retrouve en possession d'un pouvoir sur l'autre.

Maman m'a obligée à opérer cette mutation au plus profond de moi. Celle de l'enfant en adulte. Et de l'adulte en aidant.

Mais quand même, ton déni fait un peu chier, maman.

Au sein de notre famille nombreuse, l'organisation s'orchestre avec des rôles attitrés que chacun conservera à peu près jusqu'à la fin. Si je dis chacun (le masculin l'emportant), je me dois de préciser qu'un seul homme est aux côtés de notre horde de filles durant cette odyssée familiale, qui n'est autre que le mari de notre mère. Enfin, c'est plutôt lui, et moi en particulier qui sommes aux côtés de maman. Par respect pour leur lien, je parlerai le moins possible de lui.

C'est moi qui prends la parole et décide de raconter mon histoire, et personne d'autre.

Qu'en est-il de notre père... qui n'est pas aux cieux ? Il restera en marge, jusqu'au bout. Je crois (j'en suis même certaine) n'avoir jamais vu mon père aussi triste que le jour de la cérémonie à la cathédrale en l'honneur de maman. Il serrait si fort les dents et la mâchoire, relevant le menton vers le ciel avec une telle détermination, qu'il était impossible de ne pas remarquer dans la crispation de tout son visage qu'il cherchait à contenir ses larmes et sa tristesse devant nous tous. *As-tu pleuré, papa, une fois seul ?*

Nos tempéraments influent naturellement sur la place que chaque membre de la famille occupe.

J'habite à Paris, je suis la plus proche géographiquement de notre mère ; j'entre tout de suite dans sa garde rapprochée. Pourquoi cela changerait-il ?

Nous serons bientôt trois à nous occuper de maman – son mari, Romane et moi. Nous deviendrons les Quatre Fantastiques, sans oublier le rôle majeur que joueront « nos » trois petits chiens et « nos » trois petits chats.

Ma mission d'accompagner ma mère malade se fondra peu à peu dans une présence auprès d'une maman qui prend de l'âge. Comment en effet distinguer la vieillesse de la maladie tant les deux s'imbriquent ?

Pourtant, encore à ce jour, j'ai l'impression de n'avoir jamais vraiment côtoyé ma mère âgée. Sa blondeur extrême, la blancheur diaphane de sa peau, son parfum, son amour du rose, des chats et des fleurs, son appréciation de la beauté, son tempérament bien trempé, son humour acerbe et son regard tendre demeurent pour moi une forme d'incarnation de la petite fille jamais résignée. Maman conservera jusqu'à son dernier souffle toute sa force d'âme, sa vivacité d'esprit critique, son regard malicieux et railleur, ainsi que son intelligence si fine, teintée de générosité et de soif de vérité, et d'espièglerie charmeuse.

Truquer le jeu de la vie avec maman était impossible ; c'était une caractéristique inhérente à son être. Maman avait le don de percer l'âme des gens à jour. Il existe des jeunes déjà très vieux, conformistes et indifférents à tout, courbés, comme il existe des adultes qui ne vieillissent jamais. Alors pourquoi ce déni, maman, toi qui m'as appris à toujours percevoir la vérité chez les êtres et à faire tomber les masques ?

Et pourquoi ne pas céder au désir de déni du malade ?

À quoi sert la « vérité », sinon à perturber les gens ou à se rassurer et à se libérer soi-même, en les soumettant à un interrogatoire avec un projecteur pour les forcer à confesser l'évangile médical de leur état déclinant ? Si cela les désoriente, les aveugle et les paralyse, comme s'ils devaient reconnaître publiquement « quelque chose » de leur propre déclin et dépérissement, et ne pas vivre pleinement leur déraison, même si cela retentit égoïstement sur nous, qui cela aide-t-il ? À qui cela fait-il plaisir ? Et qui cela rassure-t-il ?

De quel droit exigeons-nous cela ? Est-ce cela l'amour ? Et pourquoi maman devrait-elle vivre dans l'obligation de nous révéler à haute voix ce qui est pronostiqué en noir et blanc sur un document médical qui pense prédire son avenir, plutôt que de vivre selon son ressenti personnel et intime, à l'instant où elle habite toujours son corps, qu'elle sent vivant sous ses mains ?

Savez-vous qu'aujourd'hui le corps médical reconsidère la surévaluation des doses de traitement données en chimiothérapie et en radiothérapie dans certains cas très précis de cancer du sein, et rétrograde pour se diriger vers des méthodes jugées moins invasives et des dosages plus modérés ?

La question ne se pose-t-elle pas aussi pour les personnes âgées ? Force est de constater que le corps médical y réfléchit. Sur le plan épistémologique, la médecine se caractérise par des zones de rupture, de découvertes et des interrogations constantes.

Maman est une adulte et elle a le droit de choisir. L'aidant a-t-il le droit d'ôter cette liberté à la personne aidée ? Et si oui, à partir de quand ? Cela ne signifierait-il pas que mon aide ait un prix, celui de sa liberté de choisir et de se tromper pour elle-même ?

La réalité est qu'à son âge les paramètres pour prendre une décision ne sont pas les mêmes qu'à quarante ou à soixante ans. Quant à moi, je ne veux pas tenir le rôle de celle qui l'éclaire tandis qu'elle n'aurait pas choisi de poser sur son propre état le regard que la médecine attend d'elle.

Avec le temps, je commence à penser qu'elle a eu raison.

J'entends d'ici votre contre-argumentaire, logique, cartésien, rationnel : la réalité est que la médecine sert à soigner et à sauver des vies, à alléger la douleur et à accompagner ! Le corps médical pose un diagnostic puis propose une solution à un problème de santé, par un traitement approprié. Oui, mais trop souvent sans tenir compte de la dimension humaine. À quoi aurait ressemblé la fin de vie de ma mère si elle avait accepté ce parcours de soins extrêmes, qui nous apparaissait alors à tous comme la panacée ?

Quelle fin de vie offrons-nous aux personnes âgées en les soumettant à des traitements aussi lourds, ponctués d'allers et venues obligatoires et incessants dans ces couloirs de la mort qui sentent la naphtaline ? C'est une question que je me suis posée et que je me pose encore.

Avec le recul, je réalise le peu d'importance qu'ont joué mes connaissances auprès de maman.

D'un autre côté, l'aspect humain est celui dont j'ai moi-même été dépossédée, et ce dès les premiers jours ; le simple fait de verbaliser un diagnostic et la réalité d'une situation m'a été interdit.

Formuler pour faire exister. Se taire et ne pas être au monde. Il reste l'action. Les seules preuves.

Mon corps aurait peut-être intégré la nouvelle si elle s'était inscrite dans la matérialité de ma chair à moi. Or, là, maman n'est pas réellement malade. Elle va finir son traitement d'hormonothérapie et va vite aller mieux. D'ailleurs a-t-elle un traitement ? Non, ou pas vraiment, puisqu'elle ne l'énonce pas.

Le partage dans la parole et l'échange que je ne peux pas trouver auprès d'elle me renvoie, les premiers temps, à mon propre déni.

Je m'en accommoderai et trouverai des portes de sortie. En attendant, je vis les premiers temps après cette nouvelle dans une sorte de flottement puisque maman n'en parle pas et ne présente aucun symptôme visible. Quand commençons-nous à être malade ? Lorsque la maladie se manifeste physiquement ? Mentalement ? Ou dès lors que les médecins tendent vers nous leurs documents remplis de termes incompréhensibles alors que nous ne sentons pas encore de différences dans notre chair ?

Comme souvent, le cinéma m'a apporté un éclairage. En ma mère, j'ai vu le Roberto Benigni se déployer, libre, espiègle, résolu à embrasser la vie, debout dans ses choix, même face à l'adversité la plus sombre, la plus cruelle et la plus abominable, avec sa poésie, ses rêveries, et surtout, sa liberté de rêver, inaliénable même par les forces extérieures tentant de l'entamer. Maman se racontait-elle des histoires comme dans *La Vita è bella* pour la rendre supportable ?

C'est ce que j'aime à croire et je finirai par y souscrire.

Cette après-midi où je reste pour la première fois près d'elle, allongée et malade, je vis, sans le savoir, ma première expérience en tant qu'aidante.

À ce moment-là, le terme « aidant » m'était totalement étranger. Je ne le découvrirai que bien plus tard, seulement quelques mois avant son « départ ».

Je deviens une personne qui soutient un proche malade ou en difficulté, alors que je ne suis qu'une fille qui aime sa mère.

Quelles réalités ce mot d'aidant recouvre-t-il ?

Les Ehpad et autres mouroirs de nos sociétés contemporaines représentent-ils une forme d'indépendance et de liberté absolue pour nous, enfants d'aujourd'hui et futurs délaissés de demain, nous permettant d'accéder à une existence que nous considérons saine du fait de notre autonomie ?

Nous libèrent-ils du fardeau accablant de veiller sur nos parents, nous déchargeant de la dette de reconnaissance envers eux, implication que nous désirons éviter et qui nous laisse perplexes quant à la conduite à adopter ?

La liberté obtenue par l'abandon qui suit le déclin de l'esprit et du corps de nos parents, alors victimes de notre indifférence et promis à une mort dans l'isolement, le chagrin et l'oubli, ne constitue-t-elle pas notre propre captivité ?

Pourquoi maman m'a-t-elle choisie pour l'accompagner et pourquoi a-t-elle placé cette confiance en moi ? Parce qu'elle savait que j'étais non seulement capable de la défendre, mais que je saurais mettre en application cette volonté protectrice, et qu'elle pourrait s'appuyer sur moi dans ce nouveau parcours de vie. Je sentais cette confiance, ce lien très fort entre nous, sur lequel elle commença à s'appuyer au fur et à mesure des années et du temps que nous passions ensemble. Elle m'avoua qu'elle se levait plus tôt du fait de ma présence et arrivait de nouveau à écrire, à organiser ses journées. Je lui infusais de ma force vitale.

Maman prenait son téléphone et me soutenait lorsque j'étais confrontée à un problème. Sa capacité à obtenir par la parole ce que personne d'autre n'arrivait à faire était remarquable. Elle avait ses petits secrets qu'elle a partagés avec moi à la fin de sa vie. Mes combats, au fil des années où la vie m'a amenée à m'engager dans des causes difficiles et qu'elle suivait de très près, lui ont offert les preuves de ma solidité. Depuis quelque temps déjà, maman éprouvait des difficultés à se protéger contre certaines agressions extérieures du quotidien, celles qui nous drainent… pour rien. Elle avait confiance en ma capacité à la soutenir, et lorsqu'il était nécessaire de devenir ses bras et ses mains, j'avais déjà fait acte de présence.

Accompagner l'être aidé et lui prodiguer des soins revêt une sorte de sacerdoce, ancré dans l'âme de celui ou de celle qui devient l'aidant bien avant même qu'il ou elle n'endosse ce rôle. Devenir aidant n'est pas le fruit du hasard. Peut-être sommes-nous même destinés à cette place dès notre naissance, conditionnés à réconforter et à prendre soin du parent qui s'apprête à nous quitter ? Ces questions m'ont souvent traversé l'esprit. Qui d'autre que moi dans la famille aurait pu assumer ce rôle ?

Ainsi, j'ai vécu le mien. Il m'a suffi de regarder autour de moi, là où j'étais déjà, ou peut-être là où j'avais été placée dès le départ, dès ma naissance. Il m'a suffi de tendre instinctivement la main, sans réfléchir très longtemps, pour saisir ce flambeau. Je ne pouvais ignorer la responsabilité que je prenais. Mais j'étais appelée. Peut-être même que l'aidant se dit, au fond de lui-même, qu'il sert à quelque chose. À quelqu'un. Son acte, moins altruiste en apparence, fait-il de lui un égoïste ? Étais-je égoïste de vouloir prendre soin de ma mère, ainsi drapée dans le costume de la meilleure des filles de la fratrie, celle qui joue le rôle de sauveuse ?

La première vérité à laquelle l'aidant est confronté, et qu'il affrontera tout au long de son parcours, c'est qu'il n'est pas un sauveur. Reviens sur terre, ne te prends pas pour Dieu, ma petite. Maman n'est pas un chien corse que tu panseras et sortiras du maquis !

C'est l'aboutissement d'un lien de vie qui vous happe dans ses dernières heures, et auquel vous ne pouvez vous substituer, sous peine de haute trahison.

La personne aidée conserve-t-elle la capacité que tout adulte devrait avoir acquise, de prendre en charge ses propres émotions ?

Personne ne s'étonne ni ne revendique cette place, tout votre entourage respire, soulagé, de ne pas avoir à assumer la charge du parent vieillissant et malade. Un accord tacite valide la tâche qui vous incombe, car vous portez les stigmates de celle-ci depuis le début. Inutile de refuser un costume taillé sur mesure pour vous et dans lequel tout le monde est habitué à vous voir grandir, évoluer et vivre, malgré les trous, les reprises et les coutures qui craquent. Votre entourage est soulagé.

Mais qui vient en aide à l'aidant ?

CHAPITRE 4

LE JUS DE PRUNEAUX

La vie s'écoule différemment depuis cette après-midi où j'ai veillé sur ma mère pour la première fois. Un autre espace-temps s'installe qui tenaille ma tête, peu importe ce que je fais, l'amour ou le travail.

L'attente pesante d'une fatalité enveloppée par le silence se fait presque désirer et germe dans mon esprit. La nuit, avant de m'endormir, j'ai l'impression que nous allons bientôt être percutés par une épée de Damoclès au-dessus de nos têtes.

Dans un battement de ventre. Comme un pouls erratique qui pulse dans mon cerveau. J'attends. Quelque chose. Je ne sais pas quoi.

Que mon corps cesse d'augurer le pire. Et le refoule dans un coin de ma peau.

Puis dans le silence d'une nuit, dans un interstice, tout s'accélère.

Alors que je dors profondément, mon téléphone, que je suis certaine d'avoir mis comme d'habitude sur le mode avion afin de ne pas être dérangée pendant mon sommeil, retentit près de mon lit. Je tends le bras vers la table de nuit. Il est plus de 0 h 30 et la lune éclaire doucement la chambre plongée dans l'obscurité.

Nous ne sommes pas tout à fait le jour d'après ni le jour d'avant, un entre-deux-mondes soluble dans l'hier et le lendemain.

Je ne m'explique toujours pas comment cette sonnerie est passée entre les filets de mes filtres. La confusion a-t-elle déjà commencé à gagner quelques-uns de mes gestes du quotidien ?

J'attrape mon téléphone et je découvre sur mon écran, sans réelle surprise, le prénom du mari de maman.

Après mon « allô », il enchaîne, hésitant et d'une voix pourtant presque maîtrisée en apparence, une succession de bribes de phrases dont je ne retiens que quelques mots : « SOS Médecins », « maman », « hôpital », « tout de suite », « Urgences », « le médecin a dit », « ventre » ; ce à quoi je réponds « d'accord », « j'arrive » et d'autres mots dont je ne me souviens plus. Je me rappelle très nettement, en revanche, mon intention de parler calmement et de dire que oui, je serai au rendez-vous, vous pouvez compter sur moi, je serai là. Comment pourrait-il en être autrement ?

Maman me sait très forte tête, et je crois qu'elle sent que je mettrai ma vitalité à son service, si besoin, pour la soutenir et la défendre, en cas de situation à risques, ce que j'ai déjà fait par le passé.

Elle-même était une battante mais elle me confia, à plusieurs reprises, avoir moins de force ces dernières années, même physiquement, lorsque, par exemple, nous mettions la table pour le déjeuner et qu'elle devait porter un objet un peu lourd.

C'est moi qui alors le portais.

Mes mains avaient fini peu à peu par remplacer les siennes.

Au fil du temps, l'aidant fusionne avec la personne aidée, les deux devenant presque indissociables, dans une nouvelle chorégraphie de vie.

Je m'habille en quatrième vitesse. Le miroir reflète toute ma solitude dans ce rendez-vous tant appréhendé avec la fatalité. Je reste calme, tentant de coordonner mes gestes avec application, dans une sorte de ralenti cinématographique. Je m'efforce de composer avec la tempête extérieure à venir, tout en maintenant mes émotions au niveau zéro, afin de garder le contrôle.

L'idée me traverse même l'esprit que je souhaite que maman me trouve belle, lors des moments difficiles ou si la fin devait arriver, et qu'elle puisse garder l'image du joli visage de sa fille penché au-dessus du sien. Me faire belle pour maman.

J'appelle un taxi, et vingt minutes plus tard, je monte à bord de la voiture.

Il est bien trop tard pour contacter mes sœurs ou qui que ce soit d'autre. Je fais référence à « mes sœurs » comme s'il s'agissait d'une entité homogène, d'un tout, mais en réalité, il n'y en a qu'une que je pourrais joindre. Celle avec qui je suis en contact dans un suivi direct des événements, celle qui est déjà venue nous aider. Celle à qui je parle régulièrement et qui est pleinement impliquée dans les solutions à trouver. Celle qui prend des mesures concrètes. Non pas que les autres ne soient pas investies, mais l'éloignement rend plus difficile leur présence directe.

À cette heure-ci, si loin de nous et déjà endormie, que pourrait faire Jeanne ? Rien, à part peut-être me rassurer, mais la déranger serait égoïste de ma part et perturberait son sommeil. Je me rends compte que désormais je devrai trouver du réconfort en moi-même.

En roulant dans la nuit, je suis confrontée à ce triste et incontournable constat : je suis seule pour affronter cette étape inédite de la vie de maman, qui devient mienne. Alors que l'adrénaline du réveil commence à retomber, la fatigue et l'appréhension de l'inconnu s'installent progressivement, me laissant dans l'expectative et dans la crainte de ce que je vais bientôt découvrir.

Je fais le trajet dans la nuit noire et silencieuse avec la gorge serrée, Marcel à mes côtés dans le taxi. À notre arrivée, il est environ 1 h 30 du matin.

Je compose le code, gravis les marches, pousse la porte dans un silence glacial et me dirige vers la chambre où règne un calme sans chiens ni festivités pour m'accueillir.

Je découvre alors maman allongée dans son lit, vêtue de sa jolie chemise de nuit en coton blanc, baignant dans une douce lumière orangée qui éclaire le fond de sa chambre. Son expression révèle un mécontentement, peut-être une contrariété, voire de la peur… Je ne sais plus… Ses grands yeux myopes me fixent tandis qu'elle lance aussitôt : « Et les chiens, ils ne vont pas rester seuls ? ! Je ne veux pas qu'ils restent seuls, c'est hors de question ! » dans un éclat d'inquiétude. Son mari m'explique alors qu'ils attendent une ambulance du Samu pour la transporter aux Urgences, après que SOS Médecins est venu l'ausculter pour son mal de ventre. À sa vue, ce dernier a ordonné qu'elle s'y rende immédiatement pour y recevoir des soins. Pour ma part, je reste dans l'incertitude quant à sa condition. Maman elle-même en est-elle consciente ? Les ambulanciers finissent par arriver. Je sors de la chambre pour leur laisser la place, mais la porte reste entrouverte, ce qui me permet d'entendre leurs échanges et d'apercevoir les mouvements de la chemise de nuit blanche de maman, qui se détache dans l'obscurité comme dans une peinture clair-obscur qui prendrait vie.

Ils n'ont pas de brancard mais une petite chaise portative très étroite en acier, appelée chaise d'ambulance, qui sert à descendre le patient dans les escaliers. Elle est constituée de barreaux et d'un minuscule dossier sur lequel le dos ne peut pas entièrement reposer. Cet équipement utilisé pour le transport des patients dans les véhicules semble totalement inadapté pour maman. Comment va-t-elle rester stable sur cette toute petite chaise ? Comment quiconque, passé 12 ans, peut-il rester stable sur cet objet qui n'évoque que la torture ?

L'opération se déroule sans que je puisse intervenir, bien que j'aie envie d'interrompre ce protocole qui me semble totalement inadéquat. Il exige, qui plus est, que la personne se maintienne assise, au risque de tomber malgré une sorte de sangle qui entoure son bas-ventre, lui demandant de placer ses mains de chaque côté pour s'accrocher aux barreaux. Je m'efforce de rassurer maman, saisie par la peur, en lui donnant l'illusion que ma présence à ses côtés durant cette descente la préservera d'une chute éventuelle. Je l'accompagne tout au long de cette périlleuse et brinquebalante expédition ponctuée par ses exclamations de douleur et par sa crainte de tomber, alors qu'elle lutte pour rester assise dans cette parodie de sauvetage qui éprouverait le plus courageux d'entre nous. Je prévois déjà le scénario de l'ambulance dans ma tête, sachant que je ne pourrai pas l'accompagner sur le trajet jusqu'à l'hôpital, puisque toute présence autre que celle du patient est interdite... *Que vais-je bien pouvoir lui dire une fois en bas, alors que son mari est parti chercher la voiture pour nous rendre aux Urgences ?*

Je ne sais plus comment, je parviens à monter dans le camion du Samu, je crois que je m'incruste d'un bond sans invitation. Les infirmiers me suggèrent de descendre. J'essaie de détendre l'atmosphère avec une blague et je ne les croise pas du regard. Ma pirouette verbale (je ne me souviens plus de l'absurdité sur laquelle j'ai pu rebondir) arrache un rire bienfaisant à tout le monde, ne serait-ce que pour quelques précieuses secondes. Le cœur lourd, je finis par descendre, laissant maman seule après l'avoir assurée de notre présence, tant derrière elle en voiture qu'une fois arrivés sur place.

Tout au long de sa maladie et jusqu'à la fin, maman conservera six chouchous, qu'elle avait placés autour de chacun de ses poignets en les répartissant trois par trois de chaque côté, au-dessus des manches de sa chemise de nuit. Après son départ, j'ai cherché à comprendre pourquoi elle avait orné le bout de ses bras de ces élastiques en satin rose. Un jour, j'ai réalisé qu'ils étaient probablement comme des doudous, des compagnons colorés qui la réconfortaient et lui donnaient l'impression de ne jamais être seule mais d'être « tenue ».

Nous nous téléphonons en route.

À peine arrivés à l'hôpital, alors qu'elle se trouve hors de notre champ de vision, nous l'entendons crier et exiger notre présence de l'autre côté des portes réservées aux malades, bien que cela soit normalement interdit. C'est le branle-bas parmi les infirmiers qui découvrent à qui ils ont affaire ! Malgré sa petite taille, maman impose sa loi autant qu'elle le peut. Même affaiblie et apeurée, elle ne recule pas. Maman n'est pas la petite fille sage et obéissante qui se plie aux conventions. Elle sait braver et changer les règles lorsqu'elles sont amorales, mauvaises ou inadaptées, comme elle l'a souvent fait pour nous durant, par exemple, notre scolarité. Et puis, attention, avec maman, c'est la commedia dell'arte, Fellini, la Corse et tutti quanti... réunis ! Corps médical... tenez-vous bien, on arrive ! Et qui mieux que la personne concernée sait quand une règle établie au sein de notre système médical, parfois chaotique, dysfonctionne et nuit à son bien-être et à ses besoins ? Pourquoi priver nos aînés et nos malades de notre compagnie, de notre assistance apaisante et rassurante à ce stade ?

Maman semble même redéployer une énergie qu'elle avait perdue jusqu'ici. Chouette ! Je me rappelle avec un sourire teinté de nostalgie sa détermination et sa force de caractère, surtout en cet instant de faiblesse et de grande vulnérabilité, en revoyant la tête du jeune infirmier tentant de faire preuve d'autorité face à une femme aussi non conventionnelle et aussi expérimentée qu'elle. Ainsi, après une énième série d'injonctions répétées en boucle (il n'en fallut pas beaucoup pour le faire céder), nous obtenons l'autorisation de pousser la lourde porte, réputée inviolable et réservée aux alités. Alors que maman gît malade, c'est elle qui obtient, avec sa seule force de conviction, des passe-droits !

N'était-ce pas plutôt à nous de nous battre pour elle ? Je me rassure en constatant que sa force de persuasion reste intacte. Maman a toujours été de ceux qui façonnent le monde, ou des micro-mondes, et en changent la donne. En pénétrant dans cette salle froide éclairée par des néons blancs verdâtres, nous découvrons maman allongée sur un brancard, vêtue de sa jolie chemise de nuit en coton blanc, ornée de dentelles, qui la fait ressembler à l'un des personnages de *La Petite Maison dans la prairie*.

L'infirmier commence par s'installer derrière un ordinateur, prenant rapidement note de son état de santé à travers une série de questions-réponses. « Allergies ? Maladies ? Antécédents ? » À chaque réponse négative, un silence pesant s'installe.

Maman vient d'être diagnostiquée d'un cancer du sein ! Nous ignorons s'il est généralisé ! Elle n'est même pas encore remise de son traitement d'hormonothérapie (est-il terminé ?) ! Et pourtant, personne dans la pièce n'aborde ces points avec l'infirmier ! Pire encore, ils sont omis lorsque la question est posée ! Je décide immédiatement de m'échapper de cet univers parallèle dans lequel je me sens emprisonnée. Complice à l'intérieur, d'accord, mais en dehors, non. C'en est trop ! Il est question de la santé de maman, alors, bien que gênée et avec la peur de me faire exclure de notre trio, je romps ce silence en précisant qu'elle a récemment été traitée pour un cancer du sein par hormonothérapie. Une atmosphère lourde envahit la salle pendant quelques secondes. L'infirmier lui demande ensuite de s'asseoir au milieu du brancard, sans aucun support pour maintenir son dos, ce qui lui est totalement impossible puisque ses jambes, encore allongées, ne peuvent pas contrebalancer le poids du haut de son corps. Impatient et agacé, il se lève et s'approche d'elle pour lui tirer les bras, cherchant à la forcer à se mettre en position assise, et lance trois fois « Asseyez-vous ! ». Une fois de plus, je me sens obligée d'interrompre cette séquence en lui demandant d'arrêter ce geste que je considère à la fois maltraitant et complètement dénué de bon sens, et lui explique que la seule solution est de faire avancer maman vers le bout du brancard afin qu'elle puisse mettre ses jambes dans le vide pour mieux répartir et contrebalancer le poids du haut de son corps.

Grâce à cette manœuvre, maman parvient à s'asseoir. Et si nous n'avions pas été présents en cet instant pour interrompre l'infirmier ?

La moutarde me monte au nez...

Ce dernier demande alors à maman de retirer sa chemise de nuit afin d'ausculter son ventre. Je suggère de quitter la pièce pour respecter son intimité, mais elle refuse. Est-ce difficile de voir le spectacle du corps abîmé et vulnérable de sa mère dans sa nudité la plus crue ? Oui.

Pourtant, enfant, j'avais vu cent cinquante fois mes parents et mes sœurs nus. Dans notre tribu de cinq filles, les portes des salles de bains s'ouvraient et se refermaient gaiment et avec désinvolture – comme celle du frigo –, pour aller chercher de la crème, un pansement, pour prendre un élastique et se coiffer, pour se maquiller ou se parfumer, pour se laver les dents, sans pudeur ni précaution, sauf exceptions. Parce qu'il fallait faire vite, partir au lycée, rejoindre un copain, se préparer pour une sortie, poursuivre une dispute… Et puis parce que nous nous fichions de nous voir nues les unes et les autres. Les doudounes et les fesses des filles des écoles de l'ouest de Paris défilaient avec les nôtres au rythme des week-ends dans cette maison, toujours emplie d'amies et de joie de vivre, et qui sentait bon les effluves de *Shalimar*, de l'*Heure Bleue* de Guerlain, de poudre de Caron et de notes de Chanel. Nous entrions également comme des trublions dans la salle de bains de papa et maman alors qu'ils se lavaient, le temps de leur piquer le rasoir, la crème, le savon ou le dentifrice qui nous manquait, tout en nous excusant et en nous faisant engueuler ! Dans notre famille, la nudité n'était pas taboue, nous ne nous scrutions pas.

Ces souvenirs ne diminuent en rien mon malaise devant le corps de maman exposé, fragile et abîmé par la maladie.

C'est alors que je découvre à la place de son ventre une protubérance énorme. Sa peau est distendue à l'extrême. Je ne saurai que plus tard ce que c'était. Sur le moment, je ne vois qu'un ventre tendu à se rompre et le silence. Il s'agissait là de l'avancée de la maladie.

Depuis combien de temps est-elle dans cet état ? Ne s'est-elle pas regardée, observée ? Est-elle consciente de la situation et a-t-elle choisi de l'ignorer délibérément ? Comment avons-nous pu en arriver à une telle extrémité ? À quel point ce déni la met-elle en danger ? Jusqu'où cela va-t-il aller ?

Je ressens de la culpabilité de ne pas avoir vu la maladie avancer.

Si quelques jours auparavant, j'ai senti le monde chanceler et les rôles mères-filles commencer à s'inverser, j'ai maintenant devant moi la preuve que maman n'est plus en mesure de prendre les décisions nécessaires pour son propre bien-être et sa santé. Celle qui m'a portée, nourrie, soignée, aimée, soutenue, protégée perd peu à peu sa capacité de discerner ce qui lui est bénéfique ou préjudiciable. L'obstacle principal réside dans sa constance à résister et à vouloir avoir raison, une attitude qui perdurera. J'essaie de garder le contrôle, et je suis contrainte de repousser ma colère, mais en réalité, je suis bouleversée, choquée. En la découvrant, l'infirmier nous assure que maman va être prise en charge. Sur son brancard, elle traverse – muette – les deux battants de la seconde porte qui la mène loin de nous et la fait rejoindre le couloir des urgences, loin de nos regards protecteurs. Seule. Nous convenons que je rentre à la maison pour m'occuper des animaux et que son mari reste à l'hôpital.

En arrivant, je trouve ces petites paires d'yeux qui m'attendent, inquiètes, dans la quasi-obscurité de cette nuit qui s'étire, ne comprenant pas pourquoi leurs maîtres ne sont plus là. Après avoir mangé un morceau, je m'allonge habillée sur le lit, à la place de maman, et garde mon téléphone près de moi.

Il est plus de 4 heures du matin et elle a heureusement pu garder son portable avec elle. Nous continuons à échanger des SMS alors que les longues heures de son hospitalisation s'écoulent. C'est le récit d'une nuit d'attente qui reste infernale pour elle, que nous allons aussi vivre avec elle mais de loin, impuissants à agir. Laissée seule sur un brancard, dans un couloir bondé parmi d'autres patients, maman endure plus de dix heures sans être auscultée par un médecin. Elle n'a ni couverture pour se réchauffer malgré la dorénavant petite nuisette d'hôpital ultrafine qu'elle porte, ni accès à l'eau pour s'hydrater. Elle ne peut même pas se lever pour aller aux toilettes, le brancard étant trop haut pour elle, au risque de se blesser si elle en descend sans assistance. Elle attend là, tel un paquet abandonné entouré d'autres paquets, tandis que nos échanges de textos ponctuent notre nuit à tous les trois.

Vers 11 heures du matin, elle nous informe qu'elle n'en peut plus. Elle est à bout, elle va se lever et partir, même si elle doit marcher seule jusqu'à chez elle, cul nu. Nous essayons de contacter le service. Ils nous disent être débordés mais nous assurent qu'ils vont enfin s'occuper d'elle. C'est en fin de matinée qu'une ambulance ramène maman, accompagnée par un infirmier extraordinaire. Il l'aide à monter les marches très lentement, sans la presser, lui laissant le temps de faire ses gestes à son rythme, tout en la rassurant et en l'encourageant à s'appuyer sur lui. Je vois maman, enfin confiante et apaisée, se reposer sur ce pilier d'humanité d'1 m 80 et de force de la nature, qu'elle remercie sans cesse pour sa gentillesse, sa patience et sa capacité à la sécuriser. Je les suis derrière de près et j'assiste à leur montée de dos, fermant la marche dans l'escalier, tandis que je continue de parler en vidéo à ma sœur que j'avais appelée juste avant. Maman peine à monter chaque marche. Je bascule la caméra pour que ma sœur découvre ce qui se passe. Nous restons toutes les deux désormais silencieuses. Dans le partage de cette vision je finis par pleurer, ne pouvant plus me retenir. Je fais pourtant tout pour que cela ne s'entende pas, je ravale mes larmes, mais elles coulent sans que je ne puisse rien faire, face à ce que j'observe.

Dans les moments les plus difficiles, je parviendrai à me contenir, que ce soit dans la solitude ou en présence de maman. Mais au contact d'une tierce personne, lors d'une conversation, en caressant un chien dans la rue, pendant une promenade en ville ou une rencontre imprévue, au volant de ma voiture – tout événement qui brise le cercle de mon isolement intérieur et me confronte à un autre regard et à une autre réalité –, mes larmes se déverseront dans un chagrin démonstratif inattendu. L'appel à ma sœur confère un caractère officiel à cette situation que je ne peux alors plus nier, en plus de la nuit blanche que je viens de passer. Je ne veux surtout pas que maman me voie pleurer, mais en entrant dans le salon, elle tourne lentement son visage et ses grands yeux vers moi, et elle me murmure : « Ne pleure pas. »

Je sèche rapidement ma peine. Maman est de nouveau allongée dans son lit, et j'ignore encore la nature de son mal. Nous sommes toutes les deux épuisées, elle en premier lieu. Le moment de discuter n'est pas encore arrivé, et il se pourrait bien qu'il ne vienne jamais, compte tenu de la tournure des événements. J'attends le retour de son époux, car elle ne peut pas rester seule. Puis fatiguée, je passe le relais et finis par prendre congé.

J'apprends que, juste avant de partir de l'hôpital, maman a finalement été « auscultée » par la Cheffe de service. Celle-ci a voulu lui faire passer un scanner… et face au refus de maman, aucune alternative n'a été proposée. Nous tournons en rond. La forcer aurait probablement provoqué une crise de panique et d'étouffement, ou aurait risqué de la faire tomber dans les pommes comme lorsqu'elle était plus jeune et qu'elle avait dû être évacuée du métro parisien par les pompiers, qui lui avaient suggéré de ne se déplacer qu'en bus ou à pied. Rien donc, selon les médecins, ne pouvait être fait pour soigner maman car ils ne pouvaient identifier ce qu'elle avait. Qui est le plus entêté des deux ? Pourquoi n'avons-nous pas d'autres solutions à disposition ? Comment le corps médical prend-il en charge un patient qui souffre de claustrophobie très sévère ?

Une fois rentrée, je m'allonge sur le lit et repasse la nuit en boucle. Je tente de fermer les yeux après avoir annulé mes rendez-vous de travail. Je flotte entre la somnolence et un rêve éveillé pendant deux heures, avant de me lever. L'approche obstinée adoptée par le personnel médical, qui préconise l'utilisation exclusive du scanner comme solution et méthode de traitement pour maman, soulève des questions. Est-ce le reflet d'un excès de confiance, peut-être même d'une certaine arrogance ? Ou bien cela cache-il une réticence à explorer d'autres options ? Un déficit en termes de compétences, de formation ou de connaissance de traitements alternatifs ? Ces interrogations sont légitimes, et méritent une réflexion approfondie pour comprendre les motivations et les limitations du système de soins actuel.

J'apprendrai plus tard que dans le domaine de la santé, l'approche personnalisée est cruciale pour offrir des soins de qualité. Cela implique une écoute attentive et une adaptation aux besoins spécifiques de chaque patient. Comprendre l'histoire personnelle, les expériences vécues, ainsi que les blocages physiques et psychologiques, permet aux professionnels de la santé de proposer un traitement plus efficace et plus rapide. La flexibilité dans les méthodes de soin peut éviter les situations où le patient repart avec des problèmes non résolus, qui pourraient aggraver son état, ce qui a été ici le cas. Une telle approche centrée sur le patient contribue non seulement à une meilleure guérison, mais renforce le lien de confiance entre le patient et le soignant. Malheureusement, elle n'existe que très rarement dans le monde médical français actuel. Pendant cette longue nuit aux urgences, il aurait simplement suffi de mettre en place ou de proposer une solution adaptée, mais cela n'a jamais été évoqué.

Une solution au mal de maman – de l'ascite – sera finalement trouvée avec une intervention chirurgicale.

À son retour d'opération, je suis là. Maman se sent déjà plus en forme, plus légère. Elle respire mieux et commence progressivement à s'alimenter. Ces deux épreuves l'ont énormément fatiguée, ainsi que toute cette agitation.

Quelques jours plus tard, alors que je me tiens debout derrière son lit, j'observe maman, assise, penchée sur un de ses petits carnets anglais rose et noir, écrire la liste des courses. Dans un faible élan de courage, je lui demande quand elle prévoit de retourner à l'hôpital pour son suivi, comme indiqué par le personnel médical. Elle relève alors sa tête que je ne vois plus que de profil avec son joli nez droit se détachant en ombre chinoise, bordé par sa frange et son carré blond, et me répond d'une voix de petite fille : « Mais non, tout ira bien, on va acheter du jus de pruneaux. »

CHAPITRE 5

DE LA MER CORSE À LA MÈRE CORSE

Tous les aidants entrent-ils pleinement conscients dans leur mission ? Le font-ils par devoir ou par amour ? J'avais promis à maman ainsi qu'à papa que jamais je ne les laisserai vieillir et mourir seuls dans une maison pour vieux. Qui me fera ce serment, à moi ? Tout est désormais en place pour que je continue pleinement mon rôle d'aidante déjà engagé.

Mais comment nous prémunir contre le déni et le changement de personnalité de nos parents vieillissants ?

Qui est ma mère ? La dame d'avant sa disparition, amoindrie dans ses facultés physiques, ou celle que j'ai toujours connue ? Ainsi je rends tangible et lisible le caché. Ce récit est au départ le mien et celui de ma mère. Mais en s'inscrivant dans le mouvement du personnel vers l'universel, il puise tout son sens et sa dimension. Il peut parler à d'autres.

Cette liberté de parler de ce qui est, en général, caché, cette impudence, cet affranchissement, je les prends, je les revendique, c'est mon droit. Mon devoir de mémoire et de transmission. Et d'honnêteté. Ne serait-ce que vis-à-vis de moi-même. Et je compte... compter beaucoup plus dans ma vie ! J'emprunte par ce récit, n'est-ce pas ironique ou classiquement banal, le même chemin que celui de ma mère, écrivain. Est-ce que je la tue ainsi une seconde fois en me plaçant à sa hauteur d'auteure... ? La liberté qu'elle s'est accordée en tant qu'écrivain, je me la donne. Je ne rendrai des comptes qu'à elle.

Ces dernières semaines, maman réclame de plus en plus ma présence auprès d'elle.

Elle habite en banlieue. Je dois m'organiser pour venir de Paris, parfois dès le matin, et passer la journée avec elle, lorsque son mari est au travail, tandis que Romane, que je connais très peu, a des horaires irréguliers.

Celle-ci assure moins de vingt-cinq heures de présence par semaine, du lundi au vendredi, ce qui a un coût financier.

Entre le départ au travail du mari de maman et les horaires de Romane, la journée est ponctuée de moments de vide. Le matin, un temps vacant s'installe souvent avant mon arrivée. Romane n'est jamais présente à l'heure du déjeuner et repart vers 16 ou 17 heures, laissant à nouveau un créneau vide en fin de journée. Maman ne pouvant rester seule, cela complique davantage la situation, d'autant que Romane doit régulièrement sortir pour promener les chiens et faire des courses. Je comble ainsi les allers et venues des uns et des autres.

Maman éprouve de plus en plus de difficultés à se déplacer et à porter des objets lourds.

Un jour, son mari part vingt-quatre heures auprès de sa famille. Je suis sollicitée, en son absence, pour veiller sur elle la nuit.

Avec précaution, elle quitte son lit, et nous nous installons dans le salon. Elle s'allonge sur le canapé pendant que je pose mon ordinateur sur la table basse, après que nous avons mis le couvert pour le dîner toutes les deux. Elle a mal partout, mais elle se montre très courageuse. Ensemble, nous choisissons un bon film à regarder. Je rêve alors d'un joli feu comme elle en a le secret. Maman me dit qu'elle s'en occupe. Je dispose d'abord les bûches dans l'âtre, sous son regard attentif, et en suivant ses instructions à la lettre. Quand tout est prêt, elle se lève, attrape la bouteille du produit inflammable pour allumer le feu. Sans s'en rendre compte, elle en renverse une grande quantité par terre. Le liquide se répand jusqu'au tapis et près du bol où les animaux viennent boire, et continue de s'échapper en coulant le long de son corps et de son bras ballant. Malgré mes remarques et mon intervention immédiate pour éloigner maman de la cheminée, elle reste impassible, ne semblant pas saisir la gravité de son geste ; lorsque inquiète je m'adresse à elle, elle me regarde en souriant avec un léger haussement d'épaule.

Je raconte l'incident le lendemain à ma sœur, et quelques jours plus tard à son mari et à Romane, pour exprimer ma crainte concernant les moments où elle reste seule, et pour les avertir que nous devons être vigilants.

Je ressens une tristesse et une tension croissantes face à ces états de fait qui s'accumulent et s'imposent progressivement à nous.

Depuis un certain temps, je suis préoccupée et légèrement angoissée à l'idée que maman passe beaucoup de temps seule avec Romane, que personne ne connaît vraiment, bien que j'entende souvent parler d'elle de manière très positive.

Qui est cette fille qui a le même âge que moi et avec qui ma mère, qui ne tarit pas d'éloges sur elle, passe le plus clair de son temps ?

J'ai toujours trouvé étrange et perturbant que les personnes que nous aimons le plus, celles qui ont le plus besoin de notre protection – nouveau-nés, bébés, enfants, personnes âgées – passent la majeure partie de leur temps auprès d'inconnus qui prennent soin d'eux. N'est-ce pas le rôle qui nous incombe à nous, les proches ?

Je ressens de plus en plus le besoin de faire plus ample connaissance de Romane. Et de sentir à qui j'ai affaire. Attention, mon radar de fille protectrice s'allume et mon détecteur à imposteurs clignote. Pouvons-nous lui accorder notre confiance ? Quelle est sa formation et son expérience ? En cas de problème, serait-elle capable de lui venir en aide, et aura-t-elle les compétences nécessaires et la volonté de bien-faire ? Romane a accès au portefeuille de maman, à son intimité ainsi qu'aux animaux. Les traite-t-elle convenablement ? Est-elle respectueuse envers ma mère ? La question de la maltraitance me terrifie. Je l'ai abordée sous un angle journalistique, et je sais que c'est dans les milieux réunissant des enfants et des animaux que les prédateurs aux pires vices humains se terrent et opèrent, à l'ombre des plus vulnérables de notre société.

Maman est-elle aujourd'hui en capacité d'identifier ces dangers potentiels, de s'en protéger et de s'en défendre si cela devenait nécessaire ?

Je décide de discuter discrètement avec Romane.

Un matin, alors que je viens d'arriver et que nous sommes dans la cuisine, je profite d'un moment avant la promenade des chiens, alors que l'eau du thé bout, pour lui poser sur un ton léger et détaché quelques questions sur son expérience. Elle répond à mes interrogations qui montrent que je m'intéresse sincèrement à son parcours, et la discussion se déroule très naturellement.

Il ne me faut pas longtemps pour comprendre que nous pouvons avoir une confiance totale en elle ; Romane deviendra une alliée précieuse tout au long de notre parcours et de ma présence auprès de maman. Elle deviendra la sœur absente avec qui j'ai partagé les moments les plus difficiles et intimes de la fin de vie de maman, tant et si bien que la recroiser me propulse instantanément auprès de ma mère et me fait, à ce jour, toujours pleurer. Pauvre Romane qui m'a vue exploser en larmes de façon inattendue, dans la rue, rien qu'à l'écoute de sa voix.

Elle devient un membre essentiel de notre quatuor, qui, pendant près de deux années, saura rester soudé malgré les épreuves et quelques embûches et dysfonctionnements.

Au fil du temps, je me rends de plus en plus souvent chez maman, et le trajet en RER ou en train, parfois en taxi, est très chronophage. Je travaille beaucoup et je rentre de chez eux tard le soir, raccompagnée par son mari. Trop épuisée pour dîner dehors, rejoindre des amis ou envisager une autre activité les jours où je passe la journée avec maman, je me couche, vidée de mon énergie, aussitôt chez moi. Un nouveau rythme de vie s'installe peu à peu.

La question de mon déménagement ne tarde pas à se poser.

Je m'interroge : où aller vivre ? Moi, Éloïse, de quoi ai-je envie ? Retourner en Corse ? Habiter près de la mer qui apaise mes sens et dans laquelle j'ai nettoyé mon âme pendant un an ? L'année qui vient de s'écouler a été riche professionnellement après une période de jachère à la suite des confinements.

Je me demande sincèrement dans quel endroit je vais déposer les armes, en dehors de celui où le destin de fille m'appelle.

Je reviens de Corse, où je ne me suis jamais ennuyée bien que seule et isolée dans une grande maison, loin de tout, au fin fond d'un village perdu. Je peux tout faire, tout vivre maintenant. Je n'ai plus peur de rien. Je suis une guerrière. Je l'ai toujours su au fond de moi ; maintenant, j'en ai la preuve.

Paris, j'en ai ma claque. Mon désir profond est de déguerpir de tous ces pots d'échappement, de ce boucan et de cette crasse grise et marron que je ne supporte plus. Il m'a fallu une année pour digérer mon retour de Corse.

Le soir, lorsque tout s'accélère et se fracasse dans ma tête, je canalise ma pensée sur les chiens errants que j'ai sortis du maquis, après avoir noué des liens de complicité et d'affection avec eux pendant des mois. Cette pensée me berce et me rassure. Je les sais enfin à l'abri, loin de mes nuits d'insomnie lorsque la tempête frappait l'île et que je les retrouvais le lendemain tremblant de froid, de peur et de faim, mouillés jusqu'à l'os.

Ils constituent une des plus belles aventures que j'ai vécues, et penser à eux me réconforte les soirs de chaos.

Dur retour à la réalité. Je dois choisir mon nouveau lieu de vie. Je ne peux pas vivre parmi les animaux, avec ma meute.

Quatre ou cinq mois se sont écoulés depuis la nouvelle de la maladie de maman. Elle m'a récemment confié avoir été victime d'une erreur médicale, confirmée par un de ses médecins. Selon elle, l'analyse du taux sanguin d'une de ses molécules aurait été mal lue et mal interprétée, ce qui aurait conduit au diagnostic faussé de son cancer.

Est-ce un déni conscient ? Quel est son degré de perception à ce stade ?

En parallèle, maman met tout en œuvre pour que j'emménage près de chez elle.

Finalement, la seule réponse cohérente que j'ai trouvée, et qui m'a permis de donner un sens à ma recherche de lieu de vie, n'a pas été déterminée par l'endroit où je voulais vivre. En fait, *je formulais mal la question*, c'était plutôt quel serait le sens que je désirais donner à ma vie à cet instant charnière ?

Dès que j'ai abordé ce problème sous cet angle, la réponse s'est révélée claire et sans équivoque, malgré les nombreux choix séduisants qui s'offraient à moi. Je quitte Paris pour me rapprocher de maman. Je désire profiter du temps qu'il me reste auprès d'elle dans la joie et le sens du devoir à accomplir.

Une fois encore, une autre vie commence. Nous sommes le 1er mai 2022, je rejoins ma nouvelle mission de vie, ne sachant pas jusqu'où elle va me mener.

Je m'installe dans un appartement à une vingtaine de minutes de chez elle. Je pose mes valises dans un salon qui ressemblera bientôt à un quai de gare, avec l'intime conviction que je ne me servirai de cet endroit que pour mener à bien mon dernier rôle auprès de maman.

J'y enfile ma nouvelle vie. *Combien de morceaux de vie différents ai-je amoncelés ?*

Cet endroit ne sera jamais qu'une plateforme de lancement vers autre chose. Une transition. Un sas d'entrée et de départ, avec mes valises, des sacs de vêtements à jeter, et les meubles disposés toujours dans l'objectif de permettre une vie la plus pratique possible. J'emménage mais je n'aménage pas.

Dès lors, la fille s'effacera peu à peu, ne laissant place qu'à l'aidante, chavirant dans des eaux profondes et insondables, avec pour seule boussole la mère corse.

CHAPITRE 6

ENTRE LA MÉTAPHYSIQUE ET LA MATIÈRE

Il est 8 heures du matin, Marcel court dans l'allée boisée de l'avenue jouxtant mon nouvel appartement. Adieu trottoirs grisâtres, étroits et sales, poubelles encombrant les coins de rue, travaux bruyants et incessants du IXe arrondissement de Paris, incivilités quotidiennes des Parisiens irascibles pressés de s'engouffrer dans le métro ou dans leur voiture.

Nous avons quitté le tohu-bohu des embouteillages et la pollution d'une des rues les plus bruyantes de Paris, qui nous faisait tousser, Marcel et moi, quotidiennement.

Nous découvrons notre nouvel environnement. Bonjour promenades à l'ombre des arbres majestueux, vastes espaces verts où les petits oiseaux chantent joyeusement, et nature omniprésente à deux pas de chez nous.

Les rues sont bordées de bâtiments historiques, et chaque recoin dévoile un nouveau trésor architectural.

Il me faudra ce cadre privilégié pour y puiser chaque jour de nouvelles forces puisque je vivrai bientôt en quasi-autarcie.

Maman ne peut pas rester seule pour tout un tas de tâches du quotidien. Nous organisons et opérons à trois une présence auprès d'elle quasiment en continu. Mon nouveau rythme se met en place.

Le matin, je me rends avec Marcel chez maman, qui se retrouve seule dès que son mari part travailler vers 8 heures-8 h 30. Il me suffit de murmurer au réveil à l'oreille de mon chien attentif les mots magiques : « On va voir Murette, Paddington, Winston et les chats ! », pour qu'il aboie et bondisse de joie, filant en avant, impatient de retrouver sa petite troupe pour la journée.

Je dois absolument être à l'heure, car son mari m'attend pour partir. Les jours où je suis en retard, à peine a-t-il quitté la maison que maman m'envoie un long SMS ou m'appelle pour savoir où je me trouve sur le chemin, si je suis bien en train d'arriver, probablement pour se rassurer. Elle entame parfois aussitôt la conversation, mais je raccroche vite après lui avoir dit quelques mots pour la sécuriser, car elle me stresse un peu lorsqu'elle détaille d'emblée la liste des tâches à effectuer.

Je souhaite profiter de cette marche matinale, en solitaire, pour projeter ma journée, prendre un grand bol d'air et visualiser mon travail, avant de passer sa porte et de me laisser happer. Je me fixe des objectifs durant ce laps de temps gagné.

Je débarque ainsi, chaque matin, pressée, avec mille tâches à faire pour mon travail. Lorsque les chats ne sont pas alanguis près de maman sur le lit, ils nous rejoignent dès notre arrivée pour nous saluer et se frotter contre mes jambes en ronronnant.

Il est l'heure des caresses et des baisers. Les petits chiens me font la fête, pendant que Marcel, d'un bond, se précipite sur le lit pour saluer « Murette », ou préfère, tel un félin, se percher en hauteur sur l'accoudoir du canapé ou du fauteuil club du salon, lançant de cette place stratégique une série d'aboiements joyeux, qui transforment la pièce où régnait le silence en une salle de jeux et un espace de vie revigorant qui nous fait rire, maman et moi.

Nous oublions.

La journée peut commencer, je me transforme en Shiva, avec un moteur dans les fesses.

Régulièrement en retard de quelques minutes, je retrouve maman sous sa couette, seule dans l'appartement encore plongé dans l'obscurité, volets fermés et stores baissés, alors qu'à l'extérieur le jour est déjà levé. Le contraste entre la pénombre intérieure et la lumière extérieure m'agresse les yeux et me sape le moral.

À peine arrivée, j'ouvre grand une des fenêtres du salon pour dissiper le sentiment d'oppression dû à la chaleur excessive qui règne et pour renouveler l'air. Les radiateurs fonctionnent à plein régime, exacerbant cette sensation suffocante. Chaque matin me revient le souvenir fugace d'une amie me racontant la façon dont elle étouffait quand elle se rendait dans l'appartement surchauffé de son père vieillissant et ses tentatives discrètes de tempérer l'atmosphère, en baissant légèrement les radiateurs.

En ouvrant les volets, je prends une profonde inspiration, parfois glaciale, nez dehors.

Je fais entrer la vie dans mes poumons et dans les pièces.

C'est habituellement le moment où maman, allongée et irritée, me rappelle depuis sa chambre de fermer les fenêtres parce qu'elle a froid. Je lui conseille alors de se glisser plus encore sous sa couette pour se réchauffer, arguant qu'il est sain d'aérer ! Notre modeste querelle matinale marque ainsi le début de notre journée : j'ouvre, elle me réprimande, j'insiste, elle surenchérit, je résiste puis cède cinq minutes plus tard. Je tiens parfois jusqu'à dix minutes si elle feint l'oubli. Ce rituel est devenu quotidien.

J'entre ensuite dans sa chambre, je me penche vers elle et dépose, sur son front, un baiser en guise de bonjour. Mais pas toujours. Parfois, nous ne nous touchons pas.

Ensuite, je me rends à la cuisine pour préparer mon thé vert que maman a commandé spécialement pour moi. Désormais, je prends mon petit déjeuner et presque tous mes repas chez elle durant la semaine. Je lui propose un café. La plupart du temps, elle répond par l'affirmative, et nos premiers échanges souvent axés sur l'actualité commencent allegro sur un fond de radio, bientôt couverts par le bruit grondeur de la bouilloire en ébullition. Je suis debout affairée dans la cuisine tandis qu'elle me parle de son lit. Je n'entends rien, je le lui dis, elle continue de me parler, parfois je la laisse faire sans intervenir ; d'autres fois, je reviens, je le lui dis à nouveau, elle continue, je la laisse faire puis je lui fais répéter ses mots : une blague souvent, des colères régulièrement, des révoltes liées à l'actualité, toujours quelque chose à dire !

Voici le deuxième rituel de notre journée qui commence.

Deux cuillères rases de Nescafé, de l'eau bouillante à mi-tasse, quatre sucres (je triche un peu en n'en mettant que trois car je ne cesse de lui dire que « quatre, ce n'est vraiment pas raisonnable »), et un mélange de lait Gloria avec de l'eau d'Évian ou de Volvic pour refroidir le tout.

Je m'active dans la cuisine, préparant les repas pour les chats et les chiens, tandis que la voix de maman continue de résonner en arrière-plan. Elle me raconte tout ce qu'elle a entendu, insomniaque, la nuit précédente à la radio. Souvent, je la trouve déjà penchée et concentrée sur son portable, en train de préparer la liste des prochaines courses à livrer.

Je m'installe pour boire mon thé avec elle. Nous continuons d'échanger sur un fond de radio diffusant les actualités, et nous décryptons ensemble les nouvelles du monde de la veille et du matin. Voici le troisième rituel de notre matinée, il est autour de 9 ou 10 heures. Nous rions, nous parlons, nous nous agaçons. Mais nous avons trouvé une parade pour ne pas franchir une ligne, celle de la dispute explosive. Nous prononçons le mot « chouchou » quand nous sentons que nous allons trop loin en guise de stop, et pour changer de conversation. C'est une idée de maman et ça marche. Plus de disputes comme avant.

Parfois agacée, souvent sous pression dès que je me pose pour parler et l'écouter, je jette un coup d'œil furtif à l'horloge. Je souffle sur ma tasse de thé vert brûlant entre les mains, tandis que maman, débordante d'anecdotes, me retient de passer à l'action, me faisant trépigner sous une pluie de mots. Elle en profite souvent pour me demander ce dont j'ai besoin et envie pour chez moi, complétant sa liste de courses pour mon chien et moi. Dans ces moments-là, j'essaie toujours de me rappeler, sans montrer la tristesse qui m'envahit, même brièvement, qu'il me faut profiter de sa présence et ne pas m'impatienter, car ce temps suspendu ne durera pas éternellement.

À l'échelle de la vie et de la mort, ma nervosité n'a que peu de valeur.

Maman a souvent le nez collé à son mobile pendant des heures. Je m'en agace parfois, et lui demande de lâcher cet écran nuisible à ses yeux, son dos, son moral et ses nuits. À certains moments, alors que je suis assise en face d'elle, elle ne regarde plus que celui-ci, totalement absorbée par ce maudit téléphone, et ma présence devient insipide, transparente, ce qui ne manque pas de me mettre en colère. Je le lui dis.

Je continue la journée avec la promenade du carlin, quand ce n'est pas Romane qui s'en charge. Romane arrive, en effet, vers 10 heures-10 h 30 tous les jours sauf le mercredi ; elle s'absente ensuite de 12 h 30 à 15 heures et termine son travail vers 17 h 30.

Parfois lorsqu'elle arrive, maman me « congédie » pour que celle-ci prenne ma place et lui tienne compagnie, ou discute de détails la concernant ou liés à la maison. Je m'exécute, agacée mais soulagée de pouvoir retourner à mon travail, offrant ma chaise à Romane. « Pas gênée, la mère ! », me dis-je parfois, exaspérée par sa manière de disposer ainsi de moi.

Depuis plusieurs mois, la vie s'est déplacée et concentrée autour du lit de maman, qui devient notre centre de gravitation. Une des lourdes chaises de la salle à manger fait office de seconde table de nuit, pour lui permettre d'accéder facilement à ce dont elle a besoin : stylos, papier, lampe torche, livres, médicaments, pastilles, élastiques chouchous, maquillage, pinces pour les cheveux, sopalin, mouchoirs, radio, portable, écouteurs et main gratteuse pour le dos découverte sur un marché et que je lui ai aussitôt achetée et offerte en clin d'œil à mon enfance ; elle m'avait offert ce même cadeau à Noël lorsque j'étais petite, parce que je voulais toujours que l'on me gratte le dos.

Je la coiffe, et, quand elle me le demande, je lui coupe les cheveux pour conserver son joli carré blond et sa frange. Elle fait pareil pour moi, et le bureau se transforme en salon de coiffure. Un jour, elle insiste pour me faire mes mèches. Je m'assois sur sa chaise de travail et debout, elle me peinturlure les cheveux. Constatant qu'elle a du mal à se maintenir debout, je lui dis d'arrêter, elle insiste, toute mignonne, et continue en s'appuyant, appliquée jusqu'à la fin, ses yeux de bigleuse presque collés à mes cheveux.

Lorsque je déambule dans la rue, j'arbore quelques nuances de couleurs asymétriques, mais je souris, indifférente. Je porte l'amour de maman dans mes cheveux.

Depuis quelque temps, ses jours sont rythmés par des douleurs qu'elle ne peut plus feindre, égrenées tout au long de la journée, même lorsqu'elle reste immobile, étendue sur son lit.

Un jour, ne supportant plus de l'entendre ainsi souffrir lors d'une nouvelle série de « aïe » presque ininterrompue pendant que je travaille, je me rends dans sa chambre et lui demande comment soulager sa douleur, relevant ainsi ce qui d'ordinaire ne suscite pas de remarques : « Tu te rends compte que tu dis "aïe" tout le temps, même en étant allongée dans ton lit sans bouger ? Tu ne peux pas passer tes journées ainsi, en ayant mal constamment. Que puis-je faire pour que tu te sentes mieux et que tu arrêtes de souffrir ? » Je lui réchauffe alors au micro-ondes sa bouillotte en forme d'ours en peluche, et la place contre son dos en suivant ses indications « plus haut, plus bas... oui, là, là c'est bien ». Cela lui procure un léger soulagement. Les chiens et les chats tapissent sa couette, certains sont endormis sur le dos, les quatre pattes en l'air, ronronnant et ronflant, d'autres sont blottis en boule tout contre elle et transforment son lit en une véritable « pyjama pet party ». Ils sont ses compagnons et assistants de vie, la suivent à chaque déplacement jusque dans la salle de bains ou la cuisine, l'attendent derrière la porte, se collant et venant la solliciter chaque jour en caresses tout en se couchant contre elle et parfois sur elle. Elle les surnomme des « *petites âmes* » qui se faufilent entre ses jambes, des petits esprits qui vivent et l'entourent.

Je ne pourrai pas partager ces moments avec mes sœurs. Je le regrette.

Les chiens et les chats font office de substituts et nous extraient de nous-mêmes en nous inscrivant dans un temps présent, heureux et résilient, avec leur force de vie et leur innocence.

Maman se repose dans son lit pendant que je travaille dans le salon, calée dans le large fauteuil club face à mon MacBook Air, entourée des chats et des chiens qui vont et viennent.

Mon travail requiert une concentration soutenue et des exercices d'écriture.

Lors des interviews qui nécessitent l'utilisation du haut-parleur pour les enregistrer, je m'assois parfois à son bureau, pendant que, confortablement installée sur son lit, elle m'apporte son aide, ou je reste dans le salon.

Nous avons un autre rituel : elle écoute l'interview que j'ai enregistrée et partage avec moi son expérience. Elle me dit adorer et trouver cela très intéressant. Lorsqu'elle n'est pas trop fatiguée, elle s'assoit pour être plus attentive et me donne ses conseils que j'absorbe comme le lait maternel. Elle est stimulée intellectuellement à travers ce véritable échange. Les changements sont flagrants, maman ne s'emmerde plus. Son mari me dit qu'elle n'est plus la même les jours où je viens.

Maman dépend de moi pour aller bien. Je me prends pour sa sauveuse ? Non.

Je sais que ma présence prolonge sa vie.

Je déteins sur elle qui se nourrit de ma force vitale et de mon énergie, parfois trop débordante. J'ai la sensation que nous sommes sous perfusion, reliées l'une à l'autre.

Lors de mes retranscriptions d'interview, maman me guide sur la manière de rédiger une phrase trop longue, de faire les bonnes coupes, de réécrire un propos mal formulé ou de substituer une expression par une autre, plus littéraire. Je ne suis pas toujours d'accord avec elle et je le lui dis. Notre binôme fonctionne à merveille. Je reçois cette transmission des savoirs de la part de la journaliste qu'elle est, comme un cadeau très précieux. Venant d'une famille d'immigrés et de déracinés, dont l'histoire reste en partie inconnue, je chéris cet héritage comme un trésor que la vie m'offre.

J'ai de plus en plus de mal à consacrer du temps aux conversations légères du quotidien, je ne parle plus beaucoup à mes amis, et dès que j'investis de l'énergie dans quelqu'un ou quelque chose, c'est pour mes engagements dans le travail, ou dans des causes ou des sujets que j'estime importants. Je rentabilise mon temps. Je participe rarement à des échanges banals qui ne m'intéressent plus. Je ne discute quasiment plus ni des gens, ni des événements, mais seulement des idées et des objectifs que je me fixe.

C'est dommage. Le superflu est pourtant essentiel. Et ma vie se durcit. Je ris moins.

Mon cerveau est en surchauffe. J'ai besoin d'absorber un tas d'informations et de me sentir dans un état constant d'apprentissage et d'ingestion de savoirs. Le travail devient ma bouée de sauvetage.

Je veux faire une différence dans le monde. Est-ce par ambition, par fuite en avant ou par orgueil ?

Je m'investis dans des sujets de manière passionnée, je regarde tout, je lis tout, je veux comprendre, puis je transmets mes connaissances et mes questionnements à maman, entre autres. Nous échangeons beaucoup, son avis m'éclaire, bien que parfois elle me demande de lui réexpliquer certains termes ou concepts nouveaux qu'elle a du mal à intégrer, dans ce monde qui change mais qui est pourtant peu novateur à ses yeux. Parfois, c'est elle qui me donne des leçons de clarté. À d'autres moments, je la sens dépassée et je me dis que c'est trop pour elle.

Elle conserve son esprit vif, et cherche souvent la confrontation des opinions et des raisonnements. Elle suivra de très près certains sujets d'actualité avec son regard toujours critique formé à la joute verbale, raillant par exemple notre engouement pour l'intelligence artificielle dont nous débattrons ensemble, arguant que toutes ces simagrées n'ont d'intelligence que le nom. Parfois, sa sagacité m'interpelle.

Mes interviews sont une véritable respiration, car elles me permettent de continuer de m'ouvrir au monde extérieur en échangeant avec des auteurs, et de rester intellectuellement stimulée dans un échange autre que celui de ma cellule quotidienne.

Le journalisme reste ma passion et définit profondément qui je suis, ma forme d'esprit et ma nature. En dehors de mon métier, je suis investie de manière presque obsessionnelle dans un projet polymorphe qui réunit un média engagé en faveur de la cause animale et officieusement (très peu de personnes sont au courant) une marketplace, pour laquelle je travaille sans relâche depuis plus de deux ans. Je suis ainsi en collaboration avec des prestataires externes, des financiers et des spécialistes auprès desquels je me forme. Jonglant entre mon rôle de journaliste et celui d'entrepreneure spécialisée dans la tech, je suis constamment immergée dans un flux de données, de nouvelles connaissances et de formations techniques qui aspirent tout ce qui me reste de cellules grises. Je développe activement mes compétences en webmarketing et en prospection commerciale, multipliant les contrats avec les marques pour ma marketplace (une vingtaine signée en trois mois). J'affine également mes connaissances en direction artistique – un domaine que je maîtrisais déjà, mais que je perfectionne en intégrant les aspects techniques indispensables. En parallèle, je me forme à la prise de décision, à la gestion d'équipe, à l'intelligence artificielle, ainsi qu'aux langages du web et aux secteurs pointus de la tech, nécessitant une maîtrise approfondie de l'anglais. J'effectue plusieurs formations. Je n'arrête pas... m'étourdissant de travail.

Je partage toutes ces expériences avec maman, qui écoute attentivement chacun de mes récits et les vit parfois en direct, tentant de m'aider tant qu'elle le peut, lorsque je suis assise au bureau en face de son lit.

Elle devient mon plus grand soutien. Pour la première fois, quelqu'un assiste de très près à tout ce que j'entreprends et accomplis. Elle entend mes entretiens, sans fin, mes petits combats contre les problèmes du quotidien, mais également mes échanges avec mon expert-comptable, mes interactions avec les développeurs web, et les difficultés que je relève en tant qu'entrepreneure et femme dans la tech, pour faire avancer ce projet ambitieux que je dois garder confidentiel, car il n'engage pas que moi. Faire émerger une marketplace demande bien plus de capacités, de connaissances techniques, de formations et de forces que de lancer un e-commerce. Ce projet est énorme et chronophage. Il cannibalise mes journées.

Pourtant, malgré ma charge de travail, mes revenus diminueront considérablement au cours de ces deux dernières années, en raison de mon rôle d'aidante auprès de ma mère. Maman me soutiendra financièrement du mieux qu'elle pourra, mais être restreinte dans mes mouvements et aspirée par ce nouveau quotidien ne me permet pas de déployer ailleurs et autrement mes forces. Alors j'essaie de garder au maximum une indépendance d'esprit et de matière grise.

Maman conserve ce trait généreux qui la pousse à remplir ses placards, et à encourager ses proches et sa famille à se servir sans retenue. Prévenante, elle s'assure d'avoir toujours mes plats et produits préférés : lupins, houmous, compote pomme-abricot, bananes, amandes, avocats... Si je ne suis pas en période de jeûne intermittent, je succombe immédiatement à la tentation. Elle laisse toujours un bon pourboire aux livreurs qui montent les sacs de course, démontrant ainsi sa gratitude et son respect envers leur travail.

Combien de fois lorsque j'ai ouvert la porte à un postier ou à un livreur, et leur ai demandé de déposer les cartons trop lourds pour moi à un endroit précis de l'appartement, m'ont-ils répondu, toujours avec le sourire : « Ah, mais c'est pour votre maman ? Elle est gentille, pas de problème. Je l'aime bien, votre maman ! »

Ses commandes de nourriture deviennent d'ailleurs une de ses activités préférées de la journée. Elle remplit les placards comme si elle était toujours une maman qui gère une famille nombreuse de sept personnes. Tous les deux jours, ça sonne à la porte pour une nouvelle livraison ! Les boîtes de lait Gloria s'accumulent, tout comme les glaces au café dont elle raffole, les paquets de madeleines, les thés verts, les bières, les sopalins, ainsi que les bouteilles d'eau et les jus de fruits, les produits d'entretien, les sachets de gruyère râpés, etc. Le frigo est plein à craquer de plusieurs exemplaires du même produit.

Maman distribue les douceurs comme les émotions, avec démesure. Lorsque je rentre chez moi et qu'il fait déjà nuit dehors, elle me demande de l'appeler une fois arrivée ; un autre matin, elle me dit de bien me couvrir pour ne pas attraper froid ; un soir, elle insiste pour que je ne promène pas Marcel tard... Sa surprotection et son infantilisation m'étouffent physiquement à plusieurs reprises. Puis je me calme, me disant que c'est son rapport au monde et une façon de conserver une place et une fonction de mère qui la maintiendront vivante. Si je lui enlève ça, je lui ôte peut-être une partie de son identité.

Après tout... je n'ai qu'à acquiescer. Je suis libre de faire ce que je veux. Le temps de l'adolescence où je me rebellais est loin et c'est très bien ainsi. Depuis quand dire la vérité fait-il du bien à quelqu'un de vulnérable ? Je réponds « oui... oui » et j'essaye de gérer ma tempête intérieure émotionnelle en rentrant. Quand je me surprends à faire l'inverse de ce qu'elle souhaite, cela me fait de la peine. Il ne s'agit pas d'un sentiment de désobéissance ou de culpabilité que la petite fille aurait pu ressentir, mais de la sensation d'assister à la perte d'autorité et de parole d'une femme qui ne comprend plus tout à fait ma réalité.

Elle en comprenait cependant suffisamment pour que cette émotion de mélancolie, en repensant à son ascendant dans mon enfance jusqu'à ma jeune vie d'adulte, disparaisse presto. Le chagrin venait du fait que j'étais la seule sur laquelle elle pouvait encore exercer sa marque de fabrique. Je voyais se fissurer une vie si dense et remplie de femme ultra-active et d'une maman puissance cinq, et j'étais consciente qu'elle rejouait à travers moi ce qu'elle ne pouvait plus faire avec ses autres filles.

Je représentais probablement son lien à la maternité perdu envers un tout-petit et aujourd'hui concentré en moi seule.

Le soir, maman insiste régulièrement pour que je reste dîner ; Marcel, heureux parmi toute cette joyeuse troupe, prend ses repas sur place en même temps que les deux autres chiens.

Nous dînons sur le bureau face à son lit tous les trois, après le retour de son mari, dans ce nouveau coin de vie improvisé en table de dîner et de travail, parmi les pots de crayons, les chats qui montent, son ordinateur et autres livres et objets éparpillés. La vie s'organise au fur et à mesure dans un espace de plus en plus réduit. Le fonctionnel, prioritaire, prend le pas sur le reste.

Un autre soir, nous parlons de notre appartement dans le XVIe arrondissement, rue Picot, radeau de notre enfance, et dans un souvenir que maman n'a plus, je crains que mon cerveau n'efface mes souvenirs en même temps que le sien ne dissipe les nôtres, pour esquiver tous ces mini-chocs qui gomment notre mémoire collective.

Que va devenir notre passé et l'histoire de notre famille si je perds le fil dans ses absences à elle ?

Mes sœurs, mes précieuses, demeurent les gardiennes de ma mémoire. En cas de doute, il m'arrive de les appeler. Elles me transmettent mes racines, notre histoire ancienne. Je me rappelle le livre de la merveilleuse Jacqueline de Romilly que j'aurais tant aimé interviewer, *Le Trésor des savoirs oubliés*, qui explique que la trace du nouveau souvenir, l'effort de l'apprentissage et du savoir restent à jamais inscrits dans notre cerveau et sa mémoire, bien plus qu'une date, un jour ou un nom. C'est la gymnastique de l'apprentissage et l'effort qui constituent notre matière grise.

Exténuée, je rentre le soir généralement après 20 heures, sous le ciel d'hiver ou dans la douceur crépusculaire des soirées d'été.

Je chantonne, sur le chemin du retour, la chanson de Léo Ferré dont je murmure les paroles qui adoucissent ma colère et mon sentiment de vivre figée dans le désir et la projection maternelle parfois dévoratrice : « Avec le temps... Avec le temps, va, tout s'en va... On oublie les passions et l'on oublie les voix... Qui vous disaient tout bas les mots des pauvres gens... Ne rentre pas trop tard, surtout ne prends pas froid... »

J'aurai très souvent la sensation désagréable de me retrouver réduite et confinée à la place d'une petite fille, voire d'un bébé, à qui sa mère, encore attachée à son rôle nourricier, cherche à donner le biberon, le sein ou la becquée. Envahissante, très protectrice, maman continue de distribuer les ordres de son lit à Romane ou à moi, souvent avec tendresse ou inquiétude, parfois avec autorité (ce que je considère être un très bon signe de santé !), et de vouloir nourrir sa famille. C'est une toute petite compensation que je lui offre qui la maintient, je l'espère, un peu plus en vie. Romane est payée pour cela, et elle n'est pas dans une relation filiale avec sa mère. Elle met moins d'affect que moi dans les demandes de maman. Elle ne reste que par tranches de deux à trois heures puis repart.

Lorsque je profite de sa présence pour faire les courses, je prends toujours le risque de recevoir à partir de vingt minutes d'absence les SMS de maman : « Tu as bientôt fini ? », « Tu arrives vite maintenant ! ? » Autant de questions qui m'ont menée un jour à lui rétorquer qu'elle n'avait qu'à me mettre un GPS « là où je pense », ainsi ce serait plus simple ! Non, tout n'est pas rose entre une mère et sa fille, mais ce qui compte c'est l'envie que tout se passe bien qui prendra toujours le pas sur tout le reste.

Sur de nombreux aspects, maman est loin d'être diminuée. Elle conserve une force de caractère et une capacité d'opposition que j'ai rarement vues.

Je comprends que remplir le frigo et les placards à outrance, via des échanges téléphoniques réguliers, lui permet de maintenir un lien avec le monde extérieur et de se sociabiliser en dehors de nous. Celle qui veille sur les repas demeure la maîtresse de maison, perpétuant ainsi son rôle ancestral de femme protectrice et de gardienne du foyer pourvoyant aux besoins des siens.

Je prends conscience qu'elle continue d'endosser son rôle de cheffe de famille. Se sert-elle de moi pour préserver ce lien maternel infantilisant, maintenant que mes sœurs, devenues mères à leur tour, sont éloignées ? Ce rôle, qui a tant structuré son existence pendant des années, trouve-t-il encore un écho à travers moi ? Et moi, en tant qu'aidante, est-ce ainsi que je donne du sens au sien ?

Je n'ai plus de vie privée ni sociale. J'ai l'impression d'être devenue un soldat en mission permanente, une machine de guerre asexuée, programmée pour avancer sans relâche, sans jamais plus exister en tant que femme. Par moments, en colère contre moi-même, je me reproche de me laisser ainsi manipuler et soumettre, me sentant faible face au désir et aux besoins impérieux et tout-puissants de ma mère. Pourtant, une petite voix intérieure me murmure qu'au-delà de mon penchant pour secourir les chiens, les enfants et ma mère, c'est ici que se trouve pour l'instant ma place. Mon engagement, profondément réfléchi je crois, dans cet accompagnement qui découle d'un devoir et d'un amour filial que je m'efforce de garder loyal et indéfectible, me confirme que ma présence ici est à la fois un acte de cœur et de conscience. Certains appelleraient cela un sacrifice, je ne suis pas d'accord. Je ne meurs pas, moi. Lorsque je doute, les moments de bonheur et d'activités intenses que j'ai vécus en solitaire en Corse me guident et me réconfortent. Je sais que je suis bien plus que ce que ma famille perçoit de moi. Il existe une forme de masque que nous portons pour nous conformer à la place que les autres nous ont donnée, mais le rendez-vous est pris au fond de moi, celui de quelque chose à accomplir qui m'attend. Un matin ou une nuit, j'ôterai le « masque du garçon de café ». Je crois que ma mère a entrevu cette partie de moi que personne d'autre ne connaît, et réciproquement. À la fin de sa vie, à force de partager nos moments les plus intimes, nous avons découvert des aspects de nous-mêmes inédits et surprenants. En partageant mes combats, et en me soutenant dans toutes les facettes de mon quotidien que je suis obligée de vivre chez elle, elle est devenue témoin de ma vie, et moi de la sienne.

J'ai fini par recevoir, il y a seulement quelques années, l'adoubement maternel (et paternel) qui m'avait tant manqué plus jeune et que j'avais appelé maintes fois de mes vœux par la colère, par les pleurs, par des égarements professionnels et personnels, lorsque j'avais conquis ma liberté. Je finis par intégrer que personne d'autre que moi ne devrait exercer de domination sur ma vie, et que je ne devrais espérer jamais ou attendre de quiconque une validation extérieure. Cela m'a permis de prendre une très grande distance par rapport aux gens et aux événements, qui m'a profondément changée, me rendant imperméable et indifférente à celles et ceux qui ne me veulent pas du bien ou pensent mieux savoir ce qui est bon pour moi. Depuis, je trie de façon très sélective qui a accès à moi et je sais m'entourer. Cela m'a rendue plus forte et solide. Je n'ai jamais eu peur de déplaire, mais cette profonde métamorphose est le fruit d'années d'analyse, d'échanges, de lectures, d'erreurs et de réflexion. C'est ce qui me permet d'être une fille se tenant devant sa mère, debout et sans éventuels relents de rancœur.

Ce que parachève ce morceau de vie suspendue aux côtés de maman au quotidien est une transformation et une renaissance. Peut-être même un processus de changement profond et fondamental par lequel passent tous les aidants, telles des chrysalides devenues papillons, pour pouvoir survivre, modifiés par la mort de leur parent.

Quel meilleur hommage faire à la personne qui vous a aimé et que vous avez aimée que de célébrer, sans elle, la beauté de la vie qu'elle a semée en vous ? N'est-ce pas ce que j'ai rendu à maman en restant auprès d'elle, dans un infini et silencieux « *merci pour la vie* » ? Pour la vie que tu m'as donnée, sans que je n'aie rien demandé, certes, mais pour la vie entière. Comme si elle pensait me rassurer par ses mots que je trouvais très maladroits mais très vrais : « tu sais, n'idéalise pas le fait d'avoir des enfants, donner la vie, c'est aussi donner la mort ».

Quand le papillon va-t-il émerger ? Cette métaphore de la chrysalide, de sa libération et de sa transformation est similaire au lent processus où l'individu se libère des contraintes passées, et s'épanouit pleinement dans une nouvelle forme. La chrysalide qui se métamorphosera en un magnifique papillon traverse une période de repli intense. Chaque jour passé dans ce cocon de solitude la rapproche un peu plus de l'épanouissement. Et lorsque le moment est venu, elle émerge, libérée et radieuse, prête à déployer ses ailes et ses couleurs nouvelles, et à embrasser la vie sous une forme inédite, plus belle et plus forte. Pardonne-moi, maman, quand mon cerveau me murmure dans les moments les plus difficiles, quand je t'entends et te vois souffrir dans chaque recoin de ton corps meurtri, que la vie sera peut-être plus légère et « retrouvée », plus « *la mienne* », quand toi et moi serons libérées l'une de l'autre. Cette pensée m'horrifie mais elle me traverse, fugace comme une transfiguration.

Cette ambivalence suscitera des zones de tension entre nous, comme par le passé, mais qui resteront toujours mesurées et seront vite réglées et oubliées.

Nous n'avons plus le temps de nous disputer. Nous allons à l'essentiel. Je réussis à lui écrire et à lui dire « *je t'aime* ». Je réussis à lui dire tout... presque tout. Elle me « dit » beaucoup, elle aussi.

Une nouvelle routine se met en place chez maman et me donne l'impression d'avoir deux maisons. Elle devient, avec ses animaux, mon quotidien. À Paris, je multipliais les dîners, les apéritifs, les rendez-vous professionnels, et les journées dédiées aux présentations presse et à mes interviews. J'avais la liberté de mon temps, ce qui me permettait de retrouver une certaine stabilité et vie sociale après la période du Covid. Cette vie n'existe plus.

La charge mentale et physique que j'assume maintenant m'empêche de me consacrer à autre chose. Je rentre très souvent vidée le soir, comme aspirée par les très grosses journées que j'enchaîne, jonglant entre toutes mes casquettes qui souvent débordent sur mon week-end quand maman m'appelle, de façon intempestive, impulsive et autoritaire pour que je la rejoigne parce que son mari est sorti, qu'elle est seule et qu'elle a peur de tomber et de ne pas pouvoir se relever.

Je travaille quasiment tous les week-ends. J'annule mes dîners avec mes amis, les vacances, les invitations. Je ne suis pas malheureuse mais j'ai la sensation d'être dans un monde clandestin et au cœur d'une action sans fin, qui cannibalise ma vie et me place en retrait. Mes seules pauses sont les promenades dans les bois avec

Marcel, où je me ressource en respirant l'odeur fraîche de l'herbe mouillée, et le sport.

Je suis la fille, la journaliste, l'aidante, la woman in tech, l'entrepreneure... je suis surtout fatiguée. Il ne me reste pas d'énergie pour être autre chose.

Combien de temps cela va-t-il durer ?

Je me le demande parfois. J'ai de plus en plus la sensation que du sable me glisse entre les doigts – le temps file. Ma dépendance matérielle envers maman ne cesse de grandir. Elle dépend de moi... mais moi, je dépends de plus en plus d'elle. Sa présence et ses conseils me deviennent nécessaires, mon temps est organisé en fonction du sien ; ma vie finit par être dictée par la sienne. Que deviendrai-je quand son soutien ne sera plus là ? Parfois, j'essaie maladroitement de lui faire comprendre que ma vie ne se résume pas à prendre soin d'elle. Je sais qu'elle en est consciente, mais il n'y a pas de solution.

Je ne suis pas la seule à lui prodiguer soins et attention. Son mari, d'une patience et d'une gentillesse infinies, l'accompagne avec un dévouement sans faille. Par respect, je n'en dirai pas davantage sur lui, comme je l'ai déjà mentionné. Mais il s'investit pleinement, avec pour seule ambition d'adoucir et de faciliter la vie de maman. Aucune femme ne pourrait rêver meilleur compagnon pour traverser la fin de son existence. Il veille sur elle avec mille attentions : fleurs, parfum, vernis à ongles, soins, coiffure, teinture, plats cuisinés... La liste est longue. Je ne lui serai jamais assez reconnaissante pour sa patience, son amour et son engagement envers maman, même si, parfois, il empiète sur mon intérêt et mes besoins. Il m'arrive d'avoir l'impression de n'être qu'un instrument au service de son idéal de bien-être à elle. Pourtant, j'accepte sans réserve, car nos querelles et rancœurs d'autrefois ont laissé place à une collaboration sans faille. Nous sommes aujourd'hui une équipe unie et dévouée, toujours présente pour maman. Te rends-tu compte de la chance que tu as, maman ? Mais, est-ce de la chance ? Peut-être as-tu su maîtriser l'art de savoir très bien t'entourer jusqu'au bout puisque ton inquiétude était de ne jamais être seule ?

Romane est d'un soutien inestimable. Elle perçoit avec justesse ce que je traverse, et prend naturellement le relais lorsque mon attention est accaparée et que l'épuisement se fait sentir. Je ne suis pas une fille parfaite, toujours dévouée et souriante. Il m'arrive de m'emporter, submergée par la pression. Maman me reproche parfois de ne pas être assez douce avec elle, mais l'apaisement revient vite. Romane me confie que ces petits accrochages lui font du bien, qu'ils la stimulent et la maintiennent ancrée dans la réalité. Ce ne sont jamais que quelques éclats de voix, nécessaires pour réajuster nos limites et préserver un équilibre fragile. Romane est une présence précieuse. Elle veille sur les animaux, gère les courses, les tâches ménagères et prépare parfois les repas. En son absence, j'endosse seule ces responsabilités, et même lorsqu'elle est là, je continue souvent à les partager, que ce soit par nécessité ou par habitude. Ensemble, nous formons une équipe solidaire, consciente de l'importance de cette alliance. Nos forces se complètent, allégeant ainsi le poids des journées qui s'enchaînent sans répit. Quand l'une promène le chien, l'autre range les courses. Lorsque je suis en plein travail de retranscription d'interviews, elle nous entend rire, maman et moi. Elle surprend nos éclats de voix face aux remarques sarcastiques – parfois mordantes – de maman, et partage nos fous rires. Ces moments de complicité, un thé à la main pour nous, un café dans les siennes, offrent à nos journées une chaleur particulière. Ce petit univers très féminin, tissé de rires et de tendresse, est devenu un refuge précieux que j'aime profondément.

Quand je dois me déplacer à Paris, que ce soit pour des rendez-vous professionnels ou une rare soirée entre amis, je prends toujours soin de prévenir maman, d'abord inquiète à l'idée de me savoir loin, mais qui finit par accepter en silence. Pourtant, il lui arrive de recourir au chantage émotionnel, ce qui me met hors de moi. Le week-end, alors que je suis chez moi, absorbée par mes occupations, son appel peut surgir, urgent, catégorique. Elle veut que je vienne immédiatement, sous prétexte qu'elle se retrouvera seule une heure ou deux. J'ai appris à opposer un « non » ferme à ces exigences de dernière minute. Mais la frontière est parfois ténue entre ses craintes réelles et une manipulation affective plus insidieuse. Il me faut sans cesse rappeler que je ne suis pas un ectoplasme flottant dans l'attente de combler à la demande ses moments de solitude. Elle se vexe alors et raccroche sèchement. Quelques heures plus tard, un SMS laconique ou légèrement guilleret referme l'épisode, aussitôt oublié... jusqu'au week-end suivant.

Mon téléphone ne sonne presque plus, sauf pour le travail. Maman finit par devenir ma seule compagnie et confidente, à l'exception d'une amie proche et de deux de mes sœurs qui restent au courant de mes péripéties de manière sporadique, dont ma sœur aînée qui vit en Corse et avec qui je prends parfois un verre quand elle vient « sur le continent ». Mon cercle social s'est considérablement restreint. En outre, je me sens de plus en plus sur la touche professionnellement, car ma liberté d'action en journée est fortement entravée. Je me sens presque isolée, dans l'incapacité de fonctionner en société, ou dans une mesure très limitée. Même me préparer nécessite un effort considérable. Et il m'est presque impossible de suivre des conversations qui ne portent pas sur mes lectures, l'actualité, maman ou ma marketplace.

Nous discutons souvent le soir de mes objectifs et de la manière dont son mari et elle peuvent m'aider. Ils deviennent les piliers de ma vie, bien que je sois consciente que cette situation est temporaire. Concilier mes responsabilités professionnelles avec les besoins de maman et les sollicitations de son mari, afin que je sois de plus en plus présente, devient un véritable défi. Par moments, j'ai l'impression d'étouffer, avec la conscience de compromettre à long terme ma vie personnelle et financière. Ne suis-je pas devenue comme certaines femmes mariées dépendantes de leur mari ? Malgré l'aide de maman, mes revenus ont considérablement diminué, et ma situation, le jour où je serai sans elle, risque d'être très précaire. Mais comment se projeter vers l'indicible ? Comment oser même y songer ? La réalité de ma situation après son départ sera celle d'une employée brutalement licenciée... par la mort, comme on rompt un CDD mais sans préavis ni indemnités. Mon statut matériel est loin d'être celui de son mari ou de Romane. Cette insécurité devient de plus en plus pesante. J'ai besoin de me projeter autonome, de rebâtir des bases solides pour me sécuriser. Un sentiment de vulnérabilité me ronge, et un avenir incertain se dessine devant moi, un gouffre que je devrai traverser. Mais, en même temps, je sais qu'il m'est impossible de la laisser, car elle ne survivrait pas longtemps à mon absence. Je le sais, je le sens. Ou c'est peut-être moi qui ne survivrais pas. Alors je continue à enchaîner ces après-midi qui se suivent et se ressemblent, telle une partition où je jongle entre les interviews et un quotidien en perpétuel chaos. J'accueille le livreur, glisse un pourboire dans sa main tout en maintenant ma conversation avec maman, mon micro discrètement coupé. Mon ordinateur portable dans une main, je me précipite d'une pièce à l'autre pour éviter que mon interlocuteur n'entende le tumulte environnant ; les courses qui débarquent, les chiens qui aboient, maman qui m'appelle depuis sa chambre comme si j'étais son assistante personnelle à plein temps. Au milieu de cette effervescence, Paddington, « *mon* » carlin, me gratte le mollet avec l'insistance d'un créancier qui réclame son dû. Il est l'heure de la promenade. Et puis, il y a Winston. Winston, « *mon* » vieux bouledogue handicapé, dont l'apport à cette grande symphonie du quotidien prend une forme nettement plus... concrète. Un jour je réalise une interview d'une rare intensité. Mon invité – se prénommant Harry Roselmack – parle avec passion de son dernier livre *Il n'est pas trop tard pour naître*, du rapport entre foi et science, de métaphysique, de l'univers, de l'origine de la vie et du mystère insondable des planètes. Je suis suspendue à ses mots, happée par l'immensité du sujet. Et c'est précisément à ce moment que Winston choisit, dans une sérénité absolue, de faire caca. Entre mes pieds. Tranquillement. Pendant que mon cerveau tente de saisir la grandeur cosmique et les enjeux de l'infini, lui me ramène brutalement sur Terre, me rappelant que l'essence même de la vie réside autant dans la trajectoire des étoiles que dans le ramassage de crottes. L'interphone sonne. Maman hurle qu'il faut ouvrir. Mon orateur disserte sur l'âme et l'au-delà. Winston défèque en silence. Et moi, je suis là, au centre de tout, entre la métaphysique et la matière, entre Dieu et le sac à déjections.

CHAPITRE 7
« LÈVE-TOI, LE MONDE T'ATTEND »

J'ai parfois l'envie irrépressible de prendre maman sous mon aile, comme une mère le ferait avec son enfant, et de tout reprendre à zéro pour combler les zones de solitude et de souffrance qui demeurent béantes en elle. Je déroule dans ma tête une solution pour chacune d'entre elles. Rectifier. Corriger. Je souhaite ardemment qu'elle réagisse, qu'elle honore ses rendez-vous médicaux, qu'elle prenne soin d'elle. Tout est envisageable. J'y crois fermement. Par moments, la frustration me gagne. J'utilise des détours. Je lui fais écouter les conseils d'experts en nutrition, en activité physique, en médecine préventive, en bien-être et santé, en lui passant la bande-son de mes interviews. Je lui prodigue des recommandations, sachant pertinemment qu'elle ne les suivra pas. Je lui montre des exercices de Pilates et de yoga que je pratique chaque matin, je l'exhorte à sortir à nouveau, à réduire sa consommation de sucre et à adopter une alimentation plus équilibrée, partageant avec elle les conseils que j'ai recueillis auprès d'éminents médecins et spécialistes. Lorsque je suis trop pressante, elle me rétorque : « *Enfin, Éloïse, sais-tu quel âge j'ai !* » en appuyant ses paroles d'un regard perçant. Alors, je lui réponds simplement : « Oui, oui, désolée ». Nous évoquons l'avenir et le jour où elle pourra à nouveau se tenir debout, où elle pourra sortir et profiter de la lumière du jour. Nous rêvons d'une énième virée à *La Closerie des Lilas*, son restaurant préféré, pour dîner ensemble. Par moments, j'aimerais pouvoir incarner, pour réparer, le père indifférent, la mère décédée, les sœurs négligentes, l'amie disparue, le cuisinier étoilé ou même le médecin guérisseur, tout pour alléger et rendre belles nos journées. Mais une fille aidante n'est pas toute-puissante.

Ensemble, nous gardons espoir en l'avenir et nous refusons de céder à la pensée du pire, malgré les incertitudes qui se profilent. Récemment, maman s'est mise à écouter davantage de musique pop et de variété française. Elle apprécie Zaz un temps et Angèle, qu'elle découvre et chantonne, puis Michel Delpech et Renaud, qu'elle adore, regrettant de ne pas avoir osé lui parler lorsqu'elle le croisait au bar de *La Closerie des Lilas*, sans oublier les chansons de Lady Gaga en duo avec Tony Bennett qu'elle me fait découvrir. Elle m'envoie leurs chansons et nous replongeons ensemble dans ce monde disparu que nous redessinons, pleines d'espoir, proche et heureux. Un jour, je lui fais découvrir Juliette Armanet et sa chanson *Imaginer l'amour* que nous écoutons toutes les deux. Elle me répond que toute œuvre, doit, selon elle, toujours porter un message d'espérance, or « là, tu te flingues ! », me confie-t-elle alors que nous nous réveillons sur son lit après avoir partagé une des rares siestes que je ferai chez elle, entre deux interviews, un jour d'épuisement.

Maman, toujours optimiste.

Ensemble, dans un tout petit coin de l'appartement, une mère et sa fille parlent et défient la mort.

Aujourd'hui, je regrette de ne pas avoir assez parlé avec elle. Qu'aurais dû-je faire de mieux, de plus pour éviter ces regrets ? Assise à son bureau, désormais installé en face de son lit pour plus de commodité, je revois les innombrables heures passées à ses côtés. Nous y avons partagé des thés ; j'y retranscrivais mes interviews, face à elle qui, pour l'occasion, s'asseyait sur le bord de son lit, attentive. Nous avons ri ensemble et refait le monde, je lui faisais la lecture, nous débattions de l'actualité, nous déjeunions, et regardions des films et des vidéos ensemble. Moi, à cette table comme point d'ancrage.

Quelques jours après son « départ », me revoilà assise à ce même bureau, seule dans la maison, le lit vide. Je feuillette les carnets fleuris rose et blanc de maman, ornés de la silhouette d'Audrey Hepburn en couverture avec un chapeau sur la tête et son air mutin, et je découvre les rendez-vous qui rythmaient ses journées lorsqu'elle était en bonne santé.

Certaines notes reviennent de façon récurrente, ses rendez-vous personnels, les anniversaires de ses filles et de ses dix petits-enfants, ainsi que les déjeuners prévus avec l'une d'entre nous lorsque mes sœurs lui rendaient visite. On y trouve aussi des intitulés de médicaments et de nombreuses coordonnées de médecins, quelques-unes entourées comme pour leur accorder une priorité particulière.

Puis, soudainement, plusieurs dates attirent mon attention.

Son écriture révèle des annotations, et je découvre les jours marqués par nos querelles, autrefois fréquentes mais qui avaient entièrement cessé depuis trois ans, accompagnées de ses impressions personnelles, sa tristesse, sa peine, sa déception face à mon comportement... sa résignation. Son incompréhension.

Je tombe sur l'irréparable.

Le mal que je t'ai fait, maman, gît sous mes yeux et je ne peux plus y remédier.

Nous sommes-nous réparées ensemble de ces années de querelles et d'incompréhension, durant ces longs mois de cohabitation, de mutuelle adaptation et de découverte de l'une et de l'autre ?

Dans un contraste saisissant, je me remémore la maman que j'ai connue et que j'avais presque oubliée, comme des éclats de souvenirs enfouis qui ressurgissent après s'être dissous dans une longue convalescence et une perte de mémoire qui ont détricoté mon enfance. La maladie, les oublis, la souffrance et la dépendance m'ont tout pris, ils ont grignoté les souvenirs de notre mémoire familiale collective qui ont sombré quelque part dans mes cellules. Cela ne m'empêche pas de croire qu'elle est immortelle, et que dans un futur proche, je la retrouverai debout, énergique, pleine de vie, débattant, écrivant, entrant dans la cuisine ou descendant les marches pour partir à la découverte de nouveaux endroits dans Paris avec son mari et ses chiens. Elle me raconterait ensuite, comme à son habitude, leurs escapades avec enthousiasme et détails.

Je me rends compte que la mort, comme une tisseuse invisible, a comploté contre les vestiges de notre passé. Elle a effiloché nos souvenirs jusqu'à les dissoudre dans l'oubli. Jamais je ne me suis autant souvenue de toi, maman, qu'en cet instant.

Je continue de tourner les pages de ses carnets avec une ardeur renouvelée pour mieux la retrouver, elle et la jolie plume de son stylo Montblanc à l'encre bleu nuit. À chaque flash-back de maman vêtue de sa chemise de nuit blanche, je me replonge dans le détail de la courbe de ses mots, et me reviennent alors, lointains, sa vivacité d'esprit, sa vitalité, ainsi que son esprit critique et tendre, son caractère volcanique et brocardeur. Les souvenirs contradictoires s'entrechoquent.

Laquelle des deux est ma mère ? Je vais devoir retricoter.

Un souvenir jaillit. Je devais avoir six ou sept ans. C'était à la nuit tombée, seule dans mon lit, que je la réclamais souvent.

Je l'attendais, car il m'était impossible de m'endormir sans qu'elle ne m'ait embrassée. Parfois, je criais son nom pour qu'elle m'entende à l'autre bout de l'appartement, mais personne ne venait. Dans ma chambre tapissée de papier peint rose Laura Ashley, je me tournais alors et me retournais, tour à tour en colère, triste, puis avec le sentiment d'une trahison, qu'elle ne soit toujours pas venue me voir. Quand soudain la porte s'ouvrait dans un rayon de lumière, c'était un miracle de soulagement pour tout mon être et ma petite âme, une exaltation de joie. Mon cœur battait aussitôt dans ma poitrine tout entière. S'asseyant dans la nuit sur mon lit, maman reprenait le récit des formidables et rocambolesques aventures de Croquignol qu'elle tissait chaque soir au fil de son imagination. Elle n'était alors qu'à moi, rien qu'à moi, l'espace de quelques minutes qui me paraissaient à la fois une éternité et ne durer que le temps d'un claquement de doigts.

Lorsqu'un soir, j'osai lui confier ne pas trouver le sommeil, elle me conseilla d'imaginer des ruisseaux qui coulaient sur un lit de cailloux dans la forêt, et de remplir ma tête avec toutes sortes d'images jolies et apaisantes pour m'endormir avec du beau… dedans.

Le matin venu, elle entrouvrait parfois mes volets et me lançait : *« Lève-toi, le monde t'attend, le monde a besoin de toi. »*

CHAPITRE 8
CHE GIOIA VIVERE !

J'avance avec une étrange insouciance, oscillant entre lucidité et suspension, comme portée par le cours des événements. Il m'est impensable de ne pas aller jusqu'au bout. Lorsque je me fixe un objectif de vie, je m'y tiens coûte que coûte, faisant abstraction des obstacles. Rien ne saurait me détourner du pacte que j'ai scellé avec moi-même. Renoncer, à ce stade, serait non seulement un échec, mais aussi une trahison – envers maman, son mari, et peut-être et surtout envers moi-même.

Cependant, je décide de renouer avec les vertus cardinales du travail à l'extérieur, d'embrasser la courte illusion de liberté qu'il m'offre, et d'alléger temporairement ma présence auprès de maman. Je ne lui annonce ma décision que deux semaines avant le début de ma mission professionnelle, appréhendant sa réaction, laissant juste assez de temps à son époux et à Romane pour s'organiser. Avec les vacances imminentes de son mari, je me dis qu'ils sauront trouver une solution. Durant ce premier été et pendant un mois et demi, j'interromps mes visites en semaine, sauf le soir et les jours où je ne travaille pas. Maman est loin d'être enchantée mais ainsi va l'été quand les maris prennent leurs congés. C'est une manière pour moi de renouer avec une forme d'indépendance à travers le travail, comme un rendez-vous avec moi-même, une preuve que je peux encore subvenir à mes besoins. C'est aussi une façon de me rassurer, de me convaincre que je ne m'effondrerai pas lorsque maman ne sera plus là. *Que va-t-il, en effet, advenir de moi quand elle sera partie ? Comment vais-je affronter simultanément la perte de ma mère et la lutte pour retrouver mon autonomie, tant sur le plan économique que personnel ?*

En m'occupant de ma mère, j'ai fait le choix – conscient – de sacrifier une grande partie de ma liberté, mais mon corps commence déjà à en payer le prix. *Peut-on parler de sacrifice lorsqu'on ne meurt pas, et que nos choix ne sont pas irrémédiables ?* Je songe à mes amis, à l'écoulement paisible de leur existence. Les vacances en famille, les apéritifs pris au bord de la piscine ou à la plage, les rires partagés qui ponctuent leurs soirées dans un restaurant sur le sable, les dîners qui se prolongent jusqu'à la nuit, les derniers rayons du soleil caressant la peau et l'horizon avec leurs reflets doré-orangé, les baisers, les matinées dans des draps d'une blancheur éclatante, les corps brunis par la chaleur. *Ces images suffiraient-elles à légitimer le poids de mon renoncement ?* Je repousse cette pensée, car maman peut vivre très longtemps encore. Imaginer ces années à venir qui défilent dans ma tête m'envahit d'un vertige mêlé d'effroi et de désarroi. *Je n'ai aucun horizon.*

La première fois que j'ai vécu seule, j'avais vingt-deux ans. Je sais ce que signifie s'assumer, tout ce que cela exige et impose. *Serai-je en état de livrer à nouveau cette bataille-là ?* Je ne m'accorde pas le droit de penser à l'après, sinon je perdrai cette guerre. Alors j'avance. Pourtant, l'ombre de la perte imminente de maman, que je ne verbalise pas et que je n'ose envisager autrement qu'à travers les plaintes sourdes de mon corps empêché et ces phrases qui résonnent comme autant de coups de poignard, me propulse dans un espace-temps trouble. Chaque jour, chaque seconde, je me tiens à la lisière de deux âges. Enfant et vieillarde à la fois. La petite fille et l'adulte cohabitent en moi, sans jamais savoir laquelle prendra le dessus. Une seconde, mon regard sur ma mère me confronte brutalement à ma propre mortalité, m'obligeant, malgré moi, à envisager ce qui m'attend. L'instant d'après, je redeviens l'enfant d'hier, celle qui observe, se souvient et obéit, prisonnière d'un rôle dont je ne sais comment m'extraire. La mort, dans son abstraction, n'a pas de sens. Rien ne garantit que je ne partirai pas avant elle. Et si, d'une certaine manière, je m'éteignais en même temps qu'elle ?

Puis vient le second été, notre merveilleux été. Je décide de renouveler l'expérience en cherchant un travail à l'extérieur. Cependant, maman n'est plus dans les mêmes conditions physiques qu'il y a un an. Malgré cela, je sais que travailler m'apportera un peu de ce bien-être et de cette respiration dont j'ai tant besoin. Je veux économiser, couvrir mes dépenses et financer mes projets qui exigent des fonds. C'est aussi et toujours une manière de me prouver à moi-même que je suis capable de retrouver ma vie d'adulte, indépendante et sans chaînes. En tant que journaliste en télétravail, ma situation professionnelle me permet de m'organiser de cette façon. Cette fois-ci, je lui annonce ma décision un jour où je suis installée à son bureau, répondant à des mails face à elle, et déjà en possession d'un contrat de travail tout juste reçu. Je n'ai plus qu'à signer. Maman est plus inquiète que contrariée. Elle ne veut pas que je travaille et critique mon initiative. Après une discussion avec elle, et poussée par un sentiment irrationnel, instinctif, j'accepte de rester auprès d'elle pendant l'été. Aucune échappatoire. Il est impossible de financer une présence via Petits-fils toute la semaine, et, au-delà de cet aspect financier, il y a le paramètre humain, majeur. Trouver quelqu'un avec qui maman s'entendrait, qui saurait gérer la joyeuse et imposante ménagerie, et qui pourrait s'adapter à nos conditions de vie et de travail ici, relève d'une véritable gageure. Maman est affaiblie, et l'idée de l'exposer à une nouvelle aide et présence, alors que son mari n'a pas de vacances cette année-là – ce qui change tout –, rend la situation encore plus compliquée. Le départ en vacances de Romane pour plus d'un mois ajoute à cette complexité, et c'est finalement ce qui me pousse à décliner le travail que j'ai trouvé. S'il reste une personne, ce sera moi. Cet été-là, je « choisis » de rester, seule, avec maman. Au début, je me sens déchirée entre l'appréhension et un certain réconfort. D'un côté, je suis rassurée de savoir maman en sécurité avec moi, de l'autre, je me sens faible et coupable d'avoir accepté cette situation, et je me le reproche. C'est un véritable défi. Allons-nous réussir à nous supporter, toutes les deux, chaque jour, sans autre compagnie que la nôtre tout au long de la journée ? Romane ne sera pas là pour compléter ou défusionner notre duo, et équilibrer notre dynamique si bien huilée.

Une fois ma décision prise, les voix contraires se taisent, et je fonce. Plus de culpabilité, plus de renoncements. C'est la vie, il n'y a pas de choix. L'objectif est que cela se passe le mieux possible pour toutes les deux.

Je commence mes journées chez maman dès le départ de Romane en vacances. Je mets en place les conditions de ma présence quotidienne, en structurant nos longues journées qui commencent vers 8 heures-8 h 30 et se terminent entre 19 et 21 heures, parfois à 17 heures si son mari rentre plus tôt. Je m'impose la même discipline que celle que je suis tout au long de l'année, mais il me faut maintenant l'adapter à ce nouvel épisode de vie. Mon réveil sonne comme chaque matin à 6 heures. Je commence par une méditation, pendant laquelle je projette ma journée, en fixant mes intentions et les tâches à accomplir. Puis je me lève et enfile ma tenue de sport. Encore un peu dans les vapes, je me dirige vers mon matelas de Pilates. J'enchaîne les exercices au son d'une musique apaisante, la fenêtre ouverte, accueillant peu à peu les premiers rayons du soleil matinal, qui inondent la pièce de couleurs ambrées. Chaque matin, je vois le soleil se lever. Entre 7 h 30 et 8 heures, je pars. Je prends le temps de marcher, une gourde de thé vert à la main pour bien commencer la journée et m'hydrater, pendant trente à quarante minutes avec Marcel, jusque chez maman. *Que penser de ces excès de rituels santé qui me soutiennent et me permettent de tenir et de m'offrir la sensation de maîtriser quelque chose à l'intérieur et à l'extérieur de moi ?* De cette hygiène de vie stricte et optimisée, à la manière d'une journaliste santé-beauté-forme qui interviewe depuis sept ans de nombreux médecins spécialistes, nutritionnistes, chercheurs, coachs, naturopathes, oncologues, diététiciens, sophrologues ? Le savoir qui en résulte me permet d'avoir les piliers nécessaires pour ne pas m'effondrer, pour préserver ma résistance physique et mentale, et pour mettre des barrières entre la maladie et moi. Cette réflexion me heurte : *je ne veux pas finir comme maman*. J'essaye de mener une vie aussi saine que possible et de prendre soin de moi. Si pour chacun la journée débute, en théorie, avec des batteries rechargées, le soir la plupart d'entre nous s'effondrent souvent, vidés par nos vies à cent à l'heure. Pour ma part, j'épuise mes réserves trois fois plus vite. C'est pourquoi, à travers chaque habitude et geste du quotidien, je dois me ressourcer trois fois plus. J'envisage le défi de cet été-là avec le mental et la discipline d'une sportive. Je me répète sans cesse que si je prends soin de mon corps, mon mental et mon esprit suivront. J'ai longtemps pensé le contraire, en mettant tout l'accent sur le mental. Aujourd'hui, je peux affirmer que c'est une erreur.

Toujours en tenue de sport, j'empoigne mon sac dans lequel se trouvent mes vêtements pour la journée et mon ordinateur, je ferme la porte de chez moi, et avec mon chien et ma petite volonté à bout de bras, je pars !

Attention, l'ouragan « Éloïse » approche.

Une fois arrivée chez maman, je cours trente minutes sur le tapis de course, alternant avec de la marche rapide. J'effectue des pics de 60 secondes à 12 km/h, je casse le rythme à 9 km/h, puis je redescends jusqu'à 6,5 km/h. Je transpire beaucoup sur Eminem et *Lose Yourself* qui pulse à fond dans mon portable. Maman n'est pas contente de me voir disparaître dans une autre pièce de l'appartement peu après mon arrivée et notre boisson matinale partagée, mais je tiens bon. Mon téléphone reste près de moi et je lui dis de m'appeler ; si un problème survient, je serai là en un bond ! Ces moments sont les miens, ils me tiennent, et je n'y dérogerai pas de l'été. C'est une discipline, ce qui signifie que, même les jours où la motivation manque, je m'y astreins sans réfléchir. Ensuite, je prends ma douche et tout s'enchaîne. Le rythme des journées est plus soutenu car je dois être présente toute la journée, sans interruption, et gérer seule les tâches domestiques. Pas question de grignoter du sucre et du gras en continu, et de prendre du poids. Je vois l'été – mélancolique et plombant – et les deux tailles supplémentaires se profiler si je ne fais pas preuve de vigilance. Je pratique le jeûne intermittent de seize heures (c'est-à-dire que je ne mange rien de 20 heures à midi) et je mange à ma faim durant les huit heures de rupture du jeûne ; je veux garder le contrôle sur ce que je mange durant cette période si particulière. Ce n'est pas la première fois que je me soumets à cette discipline qui m'a toujours convenu. Je suis habituée à la suivre tout au long de l'année, sur des semaines, voire des mois. Cette fois-ci, je dois la maintenir durant une longue période de deux mois et sans interruption, malgré les nombreuses tentations chez maman, et en dépit de la pression psychologique et de l'appréhension de me retrouver seule avec elle. Je sais combien ce rythme me revitalise, améliore ma concentration, m'ancre et me calme. Je prends aussi la décision de ne pas boire une seule goutte d'alcool cet été-là, contrairement aux autres jours de l'année où nous partageons parfois un petit verre ensemble.

Cet été-là, je perds beaucoup de poids.

Après que je me suis douchée, l'horloge de la cuisine indique qu'il est 10 h 30. À ce moment-là, je suis entièrement disponible pour maman, propre, fraîche et débordante d'énergie pour le reste de la journée. C'est alors que s'enchaînent généralement les activités : la liste des courses, la promenade des chiens, la pause avec mon incontournable boisson matcha au lait de coco ou d'amande dont je suis devenue accro et que j'apprends à faire cet été-là, nos discussions sur l'actualité dans le monde, son second café, l'écoute des informations et nos échanges sur les sujets, petits et grands, de la vie de tous les jours.

Oups, il est déjà l'heure de préparer notre déjeuner !

Il est hors de question de céder à la tentation des plats tout prêts, réchauffés à la hâte. J'ai enfin tout mon temps, résolument réservé à nous deux, hormis mes habituels obligations et engagements annuels que je conserve mais qui seront mon seul travail. Je ressens le besoin de ralentir, de relâcher la tension pour préserver ma santé mentale et physique.

C'est ainsi que je me lance dans une aventure culinaire, déterminée à illuminer nos repas de mille couleurs et de saveurs inédites. « *Si tu ne peux pas aller en vacances, alors les vacances viendront dans ton assiette !* » devient mon mantra. Je cuisine, je chante et je danse en même temps ! Salma Hayek n'a qu'à bien se tenir ! Maman rigole et mon énergie la contamine. Je sens que je lui donne ce dont elle a besoin, ma vitalité, mon humour, ma jeunesse, ma force, mon amour de la vie.

Prends maman, prends.

Je me lance dans la cuisine avec enthousiasme et créativité ! Avec tous les ingrédients dont je dispose, je concocte des plats délicieux et inventifs : des salades rafraîchissantes de pêches, de pastèque et de feta, d'abricots et de ricotta, de melon et de pommes rehaussés de basilic, de menthe et de coriandre, des tomates juteuses vertes-oranges-rouges accompagnées de mozzarella, des spaghettis à la sauce citron parmigiano, un cake moelleux à la banane, du guacamole fait maison avec du pamplemousse, un curry onctueux au lait de coco, une purée de pommes de terre maison, un dahl aux lentilles corail… Tout au long de l'été, je m'adonne chaque jour à la cuisine avec joie et créativité sur de la musique classique ou sur des chansons françaises gaies qui flottent dans l'air, tablier autour de la taille, entre la chambre de maman et la pièce qui se transforme, pour quelques heures, en « ma » cuisine. Cette pièce devient mon terrain de jeu, et j'y prends un plaisir immense. Maman installée dans son lit, la porte ouverte, suit tout. Elle devient ma spectatrice et testeuse attitrée, reconvertie en critique culinaire, et occasionnellement en DJette de l'été 2023 !

Je lui présente chaque plat dans des assiettes ornées d'imprimés toile de Jouy, fleuris et éclatants de couleurs, rose, verte, rouge. À notre table s'invitent une explosion de saveurs ensoleillées et la générosité des fruits et légumes de saison. Maman savoure. Elle aime souvent. Elle critique parfois. Et je la vois – ô merveille – repasser en position assise sur son lit, afin de pouvoir mieux écarquiller les yeux à chaque nouvelle bouchée que je lui tends, jusqu'à faire même de nouveau l'effort de venir s'asseoir avec moi à la jolie table pour profiter de notre déjeuner. « Mais c'est trop, Éloïse… je ne vais pas manger tout ça ! » me glisse-t-elle à plusieurs occasions, tout en finissant son assiette plus souvent qu'elle ne prononcera cette phrase ! L'appétit revient.

Dans ces instants, la maladie s'efface presque : elle prend soin d'elle, se maquille, s'enveloppe du parfum enivrant de *First* de Van Cleef & Arpels, et ses bracelets se remettent à cliqueter à son poignet.

Dans ses meilleurs jours, elle s'efforce, malgré ses cris de douleur, de s'habiller avec une de ses jolies tenues. Je viens alors l'aider à enfiler ses robes roses, rouges, bordeaux, ses collants et ses petites ballerines en guise de chaussons.

Nous mangeons le soleil.

Le déjeuner terminé, après avoir fait la vaisselle (eh non, pas de lave-vaisselle ici !), il reste quelques petites tâches à accomplir dans la maison. Je réchauffe la bouillotte de maman et la replace soigneusement dans son dos pour lui procurer un soulagement contre la douleur. Je lui coupe la frange et égalise son carré. Ensuite, je l'aide à tenir le chat pendant que nous lui coupons quelques touffes de poils. Je passe un coup d'éponge sur la cuisinière, le plan de travail et la table de la cuisine, puis j'aspire toute la maison. Je nettoie les sols de la cuisine et de la salle de bains. Parfois j'emmène le bouledogue chez le vétérinaire. Il faut ensuite à nouveau sortir Marcel et Paddington, ranger les courses tout juste livrées par Houra en jonglant avec mes articles. Je réorganise le frigo et j'élimine les produits périmés. Je me lance dans le nettoyage des étagères de la cuisine, où le désordre s'est accumulé depuis trop longtemps. Maman rit en me voyant m'activer depuis son lit ; je trie, je jette, je range en séparant le salé du sucré, donnant un bon coup de propre avec les fenêtres ouvertes autant que possible (toutes sont désormais obstruées de ce côté-ci de l'appartement par des panneaux en bois faits maison pour éviter que la lumière n'aveugle maman).

J'aère, je lève, à sa demande, un peu le rideau rose et blanc en face de son lit, qui laisse passer un filet de clarté, j'enlève temporairement les panneaux de bois qui bloquent la lumière des fenêtres de la cuisine et de la salle de bains. Enfin, je coupe le chauffage qui était encore ouvert, bien que nous soyons en été.

L'appartement sent bon. La lumière et la vie rentrent.

Avant d'entamer ma saison estivale chez maman, je m'étais plongée plus intensément dans des documentaires, comme je le fais habituellement les week-ends pendant l'année. Je veux apprendre et ne pas gaspiller mes mois de juillet et d'août à flâner et à m'ennuyer. *Savez-vous que pendant ces périodes de pause, notre cerveau perd des neurones ?* Pour ma part, m'allonger devant un écran pour regarder un documentaire relève du lâcher-prise et du farniente. Cependant, cet été-là, j'ai surtout décidé de renouer avec une passion qui m'est chère depuis l'enfance, transmise par mes parents et particulièrement par maman, à laquelle j'accorde trop peu de temps : le septième art ! Pour m'y consacrer pleinement, je mets de côté le réseau social X en suspendant mon compte et je me débranche des informations – après tout, le PAF est également en vacances. Il est temps pour moi de me laisser pénétrer par la merveilleuse et fantasmagorique magie du cinéma.

Cela me permet de me déconnecter, de m'évader à travers le temps et de m'éloigner de l'actualité qui monopolise mon attention toute l'année.

Ces retrouvailles réveillent en moi des souvenirs d'enfance, lorsque nous plongions dans la vidéothèque familiale, méticuleusement constituée par nos parents. Ils désiraient partager leur amour et leur connaissance du cinéma français et international, et nous imprimèrent à jamais des visages, des émotions, qui allaient notamment façonner ma perception du monde et des relations humaines.

Je regarde *Rocco et ses frères*, et là, c'est le choc.

Je continue mon voyage cinématographique avec une autre merveille disponible, *La Ragazza con la valigia* de Valerio Zurlini. Dans ce film, je trouve des échos à ma propre expérience. Si quelqu'un me demande ce qu'est l'amour, je lui répondrai *La Ragazza con la valigia*. Et l'amitié ? *La Ragazza con la valigia*. Lorsque Jacques Perrin, sous les traits de Lorenzo, un adolescent riche de seize ans, rencontre la sublime et solaire Aida – incarnée par Claudia Cardinale – une jeune femme de vingt-quatre ans sans ressources, naît l'amour. Aida, qui lutte pour survivre et travailler, est maltraitée par tous les hommes qu'elle croise. Bien loin du simple roman sentimental, Valerio Zurlini livre un magnifique drame social où il met en scène deux mondes en collision, dans lequel un jeune homme agit avec la force et la droiture d'un adulte, refusant de se laisser dicter sa conduite par la religion, la société, la famille ou les conventions. Au-delà des amours et des amitiés de convenances, de loisirs et de plaisirs, de circonstance, d'intérêt ou d'ennui, *La Ragazza con la valigia* incarne la perturbation que seuls l'amour véritable et l'amitié authentique peuvent apporter. C'est l'amour et l'amitié dignes de vérité qui résistent à l'épreuve du feu de la vie. Quel lien avec mon récit ? L'amour et l'amitié... dans le souci de l'autre. Le cinéma me donne la bonne attitude à adopter et m'indique que je fais le bon choix ; le seul qui soit digne.

L'amour me semble toujours émaner de la même source, qu'il soit destiné à un ami, à un animal, à un amant ou à un parent. Notre lien mère-fille est loin d'être parfait ou équilibré ; il peut même être toxique par moments. Pourtant, une certitude demeure, maman se soucie de moi, autant que je me soucie d'elle. Ce film me pousse à réfléchir sur la nature des relations humaines et l'importance du tri très sélectif à faire dans notre entourage. De l'art de savoir s'entourer.

Je ne tarde pas à embarquer maman dans ce périple cinématographique qui métamorphosera notre été. Séduite par mes comptes-rendus de critique de cinéma improvisée et par mon enthousiasme, elle exprime le souhait de regarder avec moi ce film de Zurlini dont je lui parle, encore sous le charme de Claudia Cardinale et de Jacques Perrin.

Une après-midi, nous nous installons dans le salon – seconde victoire – et visionnons ensemble cette pépite du cinéma franco-italien. Je suis non seulement rassurée et rassérénée de voir maman sortir de son lit et de sa chambre, pour passer un moment de détente, oublier ses douleurs et se concentrer, légère, sur ce qui est aujourd'hui devenu « *notre* » film, mais je revis aussi auprès d'elle une des passions de mon enfance.

Verdict ? Elle adore ! La décision est prise ; demain, nous regarderons *Che Gioia Vivere*, un film de René Clément sorti en 1961.

Le lendemain, fidèle au rituel en train de naître, maman quitte sa chambre, s'installe sur le canapé du salon, tandis que je prends place dans le fauteuil club. Ensemble, nous plongeons dans ce petit bijou cinématographique. Et une fois encore, le miracle opère.

Le cinéma, par sa grâce insaisissable, ravive quelque chose en elle, peut-être de l'ordre de son histoire ancienne. L'humour fin, la tendresse diffuse, la poésie délicate du film ainsi que le talent de René Clément et d'Alain Delon semblent alléger notre fardeau, et insuffler à maman une respiration nouvelle, propulsant son corps et son esprit hors de sa douleur. Dans cet instant suspendu, dans ce rendez-vous avec l'art consolateur, j'aperçois enfin cet éclat de vie qui affleure de nouveau, fragile mais lumineux. Celui de notre enfance. La force transcendante du septième art ravive en maman une flamme vacillante, ranime en elle le désir de voir, de ressentir, de s'émouvoir... J'ignore si la beauté, si chère à Dostoïevski, « sauvera le monde », mais cette année-là, le cinéma sauve notre été, allonge et colorie, je le sens, nos jours en Technicolor. Chaque nouveau matin apporte avec lui un petit pas, une nouvelle hâte. Après ma séance de sport, maman me demande de l'aider à enfiler sa robe et c'est vêtue de rose qu'elle enchaîne avec moi, côte à côte, deux projections.

En l'écoutant analyser les films ressurgit une multitude de sensations de mon enfance. Je retrouve le regard aguerri de la journaliste et de la cinéphile qui scrute non seulement l'écran, mais déchiffre ce qui se joue derrière la caméra et en coulisses. Son regard de professionnelle persiste, saisit les subtilités des plans de cinéma, commente les choix du réalisateur, perçoit le travail minutieux de l'équipe technique, des cadrages et le jeu des comédiens... Elle m'offre une lecture riche en détails qui m'avaient échappé lors de mes premiers visionnages en solitaire.

Maman est toujours maman. Elle m'apprend.

Le cinéma rythme désormais notre été, l'engloutit presque, et les jours filent à une vitesse vertigineuse. Après m'avoir entendue chanter les louanges de *Rocco et ses frères*, maman souhaite le revoir. C'est le seul film que je refuserai de partager avec elle. L'intensité de mes émotions face à ce chef d'œuvre a été telle que je redoute de les voir se diluer dans les siennes. J'ai peur d'être submergée par un regard qui ne serait pas le mien et de perdre cette expérience intime que je veux garder vierge de toute autre sensibilité. Ce sont des frontières, des refuges d'autonomie intérieure que je dresse pour ne pas me dissoudre en elle, pour me protéger d'une relation maternelle trop poreuse, trop perméable, qui finirait par m'engloutir. Certaines œuvres doivent rester intactes, préservées de l'écho des autres. Pour *Rocco*, je resterai sur un refus. Je suggère à maman d'autres films.

Ce fil conducteur de notre été rythme nos journées et nous évite de sombrer dans une relation mère-fille phagocytée par nos agacements, notre ennui et nos ego, nous gardant de nous refléter chacune un peu trop dans le miroir de l'autre. Je refuse que notre été prenne des allures de mauvaise série B, où deux dames de compagnie désœuvrées tueraient le temps en contemplant les murs, en sirotant du thé dans un face-à-face nonchalant, comptant les points de leur exaspération croissante.

Je réussis à détourner maman de son écran de téléphone. Et désormais, elle s'habille tous les jours. Je l'entends rire aux éclats devant *Mélodie en sous-sol* (1963) d'Henri Verneuil, pester contre *Le Professeur* (1972) de Zurlini qu'elle trouve « tarte », se demandant comment je peux trouver ce film destiné aux midinettes « intéressant », s'impatienter devant *Plein Soleil* (1960) de René Clément, savourer, émerveillée, *La Piscine* (1969) de Jacques Deray..., autant d'instants volés partagés qui demeurent parmi mes souvenirs les plus chers et les plus beaux avec maman, que je redécouvre heureuse et légère.

Cet été-là, j'absorbe presque toute l'œuvre et la vie d'Alain Delon, happée par ma curiosité naissante pour la carrière et la filmographie de cet homme, qui se révèle bien loin de l'image caricaturale du type prétentieux et satisfait qui lui est souvent attribuée. En voyant vieillir le gosse de Fresnes abandonné par sa mère, affaibli, je ne peux m'empêcher de penser à cette temporalité implacable qui se croise et emporte les êtres, tissant un parallèle entre son destin et celui de maman.

Comment les monstres sacrés finissent-ils leur vie ? Du haut de leur lit, impotents et gâteux ? Comment finirai-je la mienne ? Moi qui n'ai pas d'enfants pour prendre soin de moi ? Faisons-nous des enfants pour cela ?

Se déroule alors l'affaire Hiromi Rollin, à laquelle je ne ferai aucune allusion dans une lettre que je lui écrirai cet été-là. Trois semaines plus tard, sa réponse me parviendra, soigneusement glissée dans une élégante enveloppe grise venant de Douchy que je conserverai toute ma vie. Lorsque je la décachetterai, le cœur battant et les mains fébriles, je sentirai, entre ces deux fins de vie dont je suis le pont, le poids silencieux du temps qui relie et sépare tout à la fois. Maman me confiera au sujet d'Alain Delon, par SMS, que sa force vitale et sa personnalité authentique lui avait « insufflé un nouveau souffle de vie ».

Mais je le sais bien, même Alain Delon ne renaîtra pas de ses cendres.

CHAPITRE 9
LA VIE EN FUITE

La saison des films est terminée. Septembre 2023 débute sa course, et Romane a repris du service. Je continue de venir chaque jour, répondant au besoin constant de maman de me savoir présente. À contrecœur, j'abandonne peu à peu notre rythme estival enchanteur. Un matin, sous la pluie, je me rends comme à mon habitude chez elle, accompagnée de Marcel et de mon sac contenant mon ordinateur.

J'entre dans l'appartement. Tout est anormalement silencieux. Les pièces sont plongées dans l'obscurité, tandis que le soleil éclate enfin dehors. Je suis seule, maman semble dormir. Je me dirige vite vers sa chambre, son corps ne bouge pas. J'embrasse son front chaud puis je m'installe au bureau en face d'elle, en faisant le moins de bruit possible. Les petits chiens viennent me voir pour me demander… une attention, une voix, un souffle de vie. J'essaie de discerner les objets dans la pénombre, guidée par la lumière de mon écran réduite à son intensité minimale, dans ce micro-monde qui a sombré dans le silence. Je me lève et Paddington me suit où que j'aille dans l'appartement, recherchant ma compagnie et sortant de sa léthargie en sautant du lit sur lequel il passe ses journées. L'appétit de maman a soudainement disparu. Désormais elle ne mange presque rien, son corps ne tolérant plus que deux ou trois bouchées par repas, comme si chaque aliment devenait une épreuve de plus pour elle. Elle pose régulièrement sa main sur son thorax, son souffle devient de plus en plus court et ressemble à celui d'une asthmatique en début de crise.

Je réchauffe sa bouillotte régulièrement et la replace le long de sa colonne vertébrale. Je lui caresse les cheveux, lui offre des baisers sur la joue et le front, tout en lui murmurant que je l'aime. La chaleur semble la soulager un peu. Je m'adresse à elle doucement. Puis, lorsqu'elle a faim, je lui chauffe un peu de soupe qu'elle n'avale qu'à moitié. Comme à l'accoutumée, je lui prépare un ou deux œufs durs, en ne lui offrant que le jaune selon son souhait.

Elle ne boit pas suffisamment d'eau, je lui en fais la remarque. Elle me rassure et me répond qu'elle a son jus de fruit au pied du lit. Aujourd'hui, maman ne passe aucune commande de courses. Je tente de me concentrer sur mon travail, les écouteurs dans les oreilles, cherchant à ne pas la déranger dans la nuit diurne de sa chambre. Nous ressemblons à un tableau clair-obscur, à deux mètres l'une de l'autre mais chacune dans un monde différent. Cette scène éveille en moi des réminiscences de mon enfance, lorsque, pendant des heures, elle partait faire les courses avec papa, me laissant interminablement seule avec mes sœurs. Je détestais ces moments, et l'insécurité que je ressentais alors refait surface avec une brutalité inattendue, prémices de son absence. Présage de ma vie à venir. C'est alors que j'ai l'idée de lui faire la lecture. Je repense à une scène dans *Autant en emporte le vent* où les femmes veillent, prostrées, en attendant le retour de leurs hommes partis affronter les Yankees. À la lumière des bougies, elles tricotent et lisent à voix haute, comptant, anxieuses, les minutes qui s'écoulent. Je ferme mon ordinateur et lui propose, à mon tour, de lui faire la lecture, ce qu'elle accepte d'une petite voix. Je pioche un livre dans sa bibliothèque et j'entame l'histoire de plusieurs contes empreints de sorcières et de fées, de personnages maléfiques et bienveillants, de sorts et de démons. La comtesse de Ségur nous tient désormais compagnie. Parfois, alors que j'ignore si elle m'entend, je la surprends à commenter d'un mot le récit, m'indiquant qu'elle suit l'histoire, malgré son état somnolent. Je lui demande de temps en temps si elle souhaite que je poursuive la lecture, ou si elle préfère dormir ; sa réponse reste constante : « Continue. » À un moment donné, nous éclatons de rire devant les mots cinglants de la comtesse de Ségur, car la description d'une sorcière nous rappelle un portrait familier, ce que je ne manque pas de relever à voix haute : « Je ne savais pas que la comtesse de Ségur connaissait Une telle... » Nous nous esclaffons. Maman suit bien tous mes mots. Les apparences sont trompeuses. Elle est là, avec moi. Le lendemain, et pendant plusieurs jours, je répèterai ce rituel, lui lisant la suite du conte de fées pour qu'elle puisse entendre ma voix et ne pas se sentir seule. Pour « *mettre du beau dans sa tête* ». J'évite les passages trop angoissants ou cruels, ceux qui parlent de mort. J'alambique. Je saute des pages lorsque c'est nécessaire. Parfois, j'essaie de tirer légèrement le rideau en face de son lit lorsqu'elle se réveille, tentant ainsi de laisser filtrer un peu de lumière dans cette pièce qui se transforme en tombeau. Mais je finis par renoncer, voyant que cela l'incommode trop. Nous passons ainsi plusieurs journées, toutes les deux plongées dans l'obscurité quasi totale, mes yeux se fatiguant après des heures de travail, toujours face à elle, devant mon ordinateur dans un silence sépulcral, ou face aux pages du livre que je tiens entre les mains. Lorsque je rentre chez moi, la lumière du jour m'éblouit et fait pleurer mes yeux. C'est pourtant un ciel d'hiver bas et lourd que je retrouve chaque soir sur mon chemin.

Une sensation d'étouffement m'envahit chaque matin lorsque je pousse la porte de l'entrée, immergée dans une obscurité qui semble s'éterniser au son de ce nouveau calme solennellement mystérieux.

Puis, un soir, sur le chemin du retour, une pesanteur m'envahit soudain et alourdit mes pas avec l'impression que le trajet s'éternise.

Je marche si lentement que je mettrai une heure pour rentrer ce soir-là, nos deux appartements n'étant pourtant qu'à vingt minutes l'un de l'autre. Après avoir pris ma douche, épuisée, je me glisse dans mon lit et j'éteins sans avoir ouvert un livre. Dans le calme de ma chambre, sous la couette, je pose ma main sur mon ventre, le sentant gonflé. J'ai le sentiment qu'il y a quelque chose à l'intérieur, comme dans le ventre de maman.

Le samedi, à mon réveil, encore allongée dans mon lit, j'ouvre les yeux et je constate qu'il m'est impossible de déglutir. La tête toujours sur l'oreiller, mon corps refuse d'avaler ma salive. Ma gorge bloque. Je tente de nouveau et à plusieurs reprises, mais tout reste verrouillé avec la sensation que j'ai une boule à l'intérieur de moi, même lorsque je tente cette fois-ci en position assise. Je cherche sur Internet ce que cela pourrait signifier, et je tombe sur des explications et des termes comme « *dépression* », « *stress* », « *choc* »... Cela fait des mois que je dors très mal et que je me réveille chaque nuit vers 4 h 30 du matin.

Avec la semaine éprouvante qui vient de s'écouler et mes insomnies quotidiennes, je comprends que mes symptômes peuvent être graves et que je dois réagir rapidement. Au prix d'un effort répété, je réussis à déglutir un peu.

Je décide de prendre rendez-vous chez une psychanalyste. Je ne peux pas me permettre de tomber malade et de perdre le contrôle. Mon corps m'envoie un message clair, je dois accepter de demander de l'aide, j'ai besoin de parler et d'avoir un soutien. Personne dans ma famille ou parmi mes amis n'est en position de m'aider ou de m'accompagner comme le ferait un professionnel. *Qui peut et a envie de comprendre ce que je vis ? Qui écoutera ma parole et l'entendra se déployer dans toute sa vérité et sa complexité ?* Des psys, j'en ai vu un paquet. Il m'en faut un très aguerri et cultivé au risque que le charme n'opère pas. Même si je ne ressens ni le besoin ni l'envie de me confier, je ne peux ignorer les manifestations physiques, trop intenses et graves pour être négligées, que mon corps m'envoie.

Quelques jours plus tard, je me rends à ma première séance avec une nouvelle psychanalyste. Dès le début, je suis submergée par les larmes en lui décrivant ce que je vis depuis plus d'un an et demi. Elle prend immédiatement contact avec mon médecin généraliste pour me prescrire des anxiolytiques, après m'avoir proposé des antidépresseurs, surtout en raison de mes insomnies, ce que je refuse catégoriquement. Elle insiste sur la nécessité de régler avant tout mon problème, très inquiétant, de manque de sommeil.

Deux semaines plus tard, je récupère chez mon généraliste des médicaments de la famille des anxiolytiques et, pendant deux mois, je prends chaque soir un comprimé avant le coucher. Bien que je dorme désormais chaque nuit, je remarque que ma perception du quotidien est légèrement altérée. Je me réveille reposée, mais j'ai l'impression d'avoir des moments d'absence et de très légères pertes cognitives. Mon esprit est moins vif, même si mon corps est plus serein et détendu. Au bout de deux mois, une fois mes boîtes de médicaments terminées, je décide d'arrêter net, sans prévenir ma psy.

Quelques semaines plus tard, je lui annonce que j'ai tout arrêté. Elle me demande, étonnée et visiblement choquée, si je n'ai pas eu de mal à me sevrer ou si j'ai ressenti des signes même légers d'addiction, ce à quoi je réponds par la négative. Je n'ai jamais eu une nature addictive. Que ce soit en amour, avec la cigarette, au travail ou même avec les anxiolytiques, il me suffit de décider d'arrêter – et toute la difficulté pour moi se niche dans cette décision qui peut s'éterniser –, sans passer par différents paliers. D'un seul coup, c'est terminé. Aujourd'hui devient hier.

J'ai appris, au travers des expériences de la vie, à réduire mon temps de prise de décision.

C'est à ce moment-là, en faisant des recherches sur Internet, que je découvre le terme « aidant », qui m'était jusqu'alors totalement inconnu.

L'aidant apporte un soutien régulier et fréquent à une personne en perte d'autonomie dans sa vie quotidienne, que ce soit dû à l'âge, à la maladie ou à un handicap. Ce soutien peut prendre différentes formes telles que le soutien moral, l'aide aux activités quotidiennes et l'aide financière. Être aidant peut avoir un impact significatif sur la vie de l'individu, entraînant souvent un isolement, un épuisement et un manque de reconnaissance.

Je me rends sur le site de l'Association française des aidants[1], que je mets dans les favoris de mon ordinateur, avec l'intention d'y revenir plus tard pour explorer les aides possibles et m'imprégner de ce nouvel univers, de son vocabulaire et de ses réseaux de soutien. Je repousserai ce rendez-vous aux calendes grecques.

Le système français officialise un statut que j'avais déjà adopté au sein de la société, sans le savoir. Il me semble que tout cela n'est qu'une question d'amour envers ma mère. Comment notre société, dans sa folie, parvient-elle à rendre cet acte de loyauté – qui, à mes yeux, devrait être le geste naturel de tout enfant envers son parent – administratif et réglementé ? Étiqueté ? Ce qui me semblait alors inintelligible et insupportable à cet instant, m'apparaît aujourd'hui comme un devoir d'ordre collectif.

En effet, cette position d'aidant peut être envisagée dans le cas de parents et d'enfants entre lesquels le lien fonctionne, au moins assez normalement pour que l'enfant, une fois adulte, puisse

1. Association française des aidants : aidants.fr.

redonner à l'envoyeur ce qu'il a reçu dans son enfance, en offrant à son parent mourant et fragilisé ce qu'il a lui-même reçu lorsqu'il était en état de dépendance et de vulnérabilité. Mais que faire dans les familles où le parent a été maltraitant ? Que peut faire l'enfant dans une inversion des rôles qui ne lui rappellera que la contre-nature de son lien originel, créé par un parent défaillant, dysfonctionnel, voire pervers, puisque rien n'a jamais été à sa place dès le départ ? Que peut alors rendre un enfant à un parent, quand ce dernier n'a offert que des humiliations, de la souffrance, des coups ? Dans quoi cet enfant peut-il puiser pour irriguer sa propre source, si la rivière de l'amour originelle et nourrissante ne l'a jamais désaltéré ?

L'enfant doit-il remplir cette mission s'il est question de sa survie, et si cela réenclenche ou fait renaître ou perdurer un lien toxique dont il s'était enfin débarrassé ? Ne doit-il pas continuer de préserver son intégrité mentale et psychologique d'abord, forcé de tourner le dos à ce rôle d'aidant, impossible pour lui à accomplir ?

Peut-être est-ce dans ces situations-là que la société doit mettre en place des substituts et des structures aidantes.

Épineuses questions et dilemme que chacun résoudra à sa manière, en fonction de sa propre conscience et des outils dont il dispose.

Je prends conscience que je ne suis pas la seule dans cette situation, et que la société a donné un nom à ce que je vis, comme si, soudainement, j'appartenais à un groupe auquel je n'ai pas choisi d'adhérer. Je n'ai aucune envie de faire partie de ce club. En parcourant rapidement la section des « frais d'indemnisation du congé de proche aidant », je découvre que l'aidant peut prétendre à des indemnités, mais pas moi en raison de ma situation particulière de journaliste. Je ne rentre pas dans les cases. Je finirai par apprendre, plus tard et surtout à mes dépens, que ce rôle indispensable et inestimable des aidants, dont les conditions particulières sont souvent inconnues, est tenu en grande partie en France par des femmes. Je ne bénéficierai effectivement d'aucun soutien financier.

Ma légitimité, mon temps investi, mon engagement et mes symptômes de fatigue et d'anxiété fortes ne sont pas reconnus par la société, parce que je ne corresponds pas aux critères. J'appartiens sans le vouloir à un club qui ne me donne pas accès à ses privilèges.

Quelle place la société me donne-t-elle dans ce cas particulier, et par conséquent quelle est celle qu'elle reconnaît aux personnes aidées ?

Cessons-nous d'être des aidants lorsque nous rentrons chez nous le soir ?

Mon rôle dépasse largement celui de la fille apportant assistance à sa mère, mais je me retrouve sans reconnaissance officielle ni administrative.

Ce que je considérais jusque-là appartenir à la sphère la plus intime et personnelle de ma vie semble désormais incarner un geste presque politique. *Le privé est-il politique, comme l'assènent les féministes ?* Ce concept me dérange. Je n'y adhère pas entièrement. Parallèlement, alors que je travaille sur un sujet lié au féminisme dans le cadre d'un article, je tombe sur un chapitre expliquant le rôle des femmes dans la société et leur contribution essentielle au « Care », c'est-à-dire aux soins apportés aux personnes, ce qui les expose particulièrement à une grande précarité à travers l'Histoire. Ainsi, je suis doublement concernée. Il est très clair que des soutiens ponctuels, qui sont les bienvenus, ne règlent pas la précarisation de ma situation matérielle.

En attendant, je garde ce nouveau concept dans un coin de ma tête, mais je n'ai pas le temps d'y réfléchir tant je suis happée chaque jour par une urgence, impondérable, qui ne cesse de se faire de plus en plus prégnante. Implacable. Faire acte de présence.

Je me déplace d'un point A à un point B, avec la lourdeur d'une soldate qui porte son sac de munitions sur ses épaules. Le soir venu, je répète le même trajet en sens inverse, d'un point B à un point A. Je tourne en rond.

Pour me ressourcer, dès que j'ai une pause ou un week-end, je m'échappe dans les bois et j'emmagasine le vert des arbres, le bleu du ciel, les couleurs des fleurs, le chant des oiseaux qui me replonge en Corse lorsque leurs piaillements me réveillaient ; je parle avec des maîtres de chiens, je continue mon sport et ma discipline de vie. Que puis-je faire de plus ? Le mari de maman montre également des signes d'épuisement croissants.

Nos échanges de SMS sur l'état de maman débutent depuis quelques semaines de plus en plus tôt. Il m'arrive même de consulter mon téléphone à 5 heures du matin pour y découvrir des alertes sur son état de santé. En parallèle, le rythme de cette nouvelle année de travail s'avère intense et difficile. Les factures tombent et je sens de plus en plus la situation m'échapper. Mon corps subit sans répit des décharges de cortisol. *Combien de temps vais-je tenir ?*

Alors que la santé de maman décline, je ressens de plus en plus intensément le besoin de retrouver une autonomie financière. L'idée de revivre une troisième année identique à la précédente m'angoisse de plus en plus.

Un changement, même léger, devient une nécessité vitale pour préserver ma santé mentale et dorénavant physique. Je ne songe pas à abdiquer mais que faire ? Abandonner maman dans son état actuel semble impensable ; en même temps, je redoute les conséquences pour moi.

J'avance chaque jour, écartelée, anxieuse et seule.

Je décide de mettre un terme à mes séances chez la psy, devenue de plus en plus agressive envers maman et moi. C'est une situation totalement inédite. Je n'ai jamais été confrontée à un tel dysfonctionnement ni à une telle perversité, qui ont éclaté au grand jour lors de notre dernière séance.

Ma thérapeute, elle-même confrontée à la situation d'aidante pour sa mère récemment décédée, est sous antidépresseurs. Elle manifeste une hostilité dès que je parle de maman et aborde sa dépendance à ma présence, sa peur de tomber et de se retrouver seule. Un jour, elle attaque mon identité de journaliste, puis oublie des faits importants que je n'ai cessé de répéter tout au long de nos séances. Cela souligne l'importance de trouver un thérapeute bienveillant et sain d'esprit lorsque nous sommes en souffrance. Après mûre réflexion et en écoutant les signaux de malaise envoyés par mon corps, je décide d'arrêter ces séances qui me font plus de mal que de bien, regrettant profondément les thérapeutes professionnels dont j'avais croisé la route et qui m'avaient aidée à explorer les nombreux aspects de l'âme humaine et de mon histoire personnelle, en me donnant des clés quand celle-ci ne m'offrait qu'un cadenas rouillé. Je n'aurai cependant pas le temps, ni l'envie ou l'énergie, de les recontacter dans l'immédiat.

Ma résistance est mise à rude épreuve. Je me souviens avec honte de ce jour où, submergée par le poids de la fatigue et des responsabilités, je répondis à maman, qui m'appelait une fois de plus de manière impromptue pendant le week-end afin que je la rejoigne immédiatement, que si elle ne pouvait JAMAIS rester seule, même une heure, nous devrions trouver une autre solution, car il m'était impossible d'être disponible vingt-quatre heures sur vingt-quatre, devant conserver un minimum de vie et de temps pour effectuer des tâches chez moi.

Dans sa demande, je percevais une impulsivité émotionnelle, dénuée de toute rationalité ou maîtrise de soi. Maman insistait sur le risque de chute, sa voix devenait plus aiguë et je sentais son stress grandir. Lorsque je refusai de venir, elle sous-entendit mon indifférence à son égard. C'est son angoisse qui s'exprimait alors et peut-être la maladie. Je ne lui en tiens aucunement rigueur.

Mais ses demandes, ses appels téléphoniques et SMS deviennent avec le temps de plus en plus insistants, ce qui finira par m'angoisser à chaque fois que j'aurai un rendez-vous professionnel, ou plus rarement une rencontre avec une amie dans la journée. Je me sens alors prise à la gorge, sans possibilité de faire une pause, et coupable de l'abandonner, craignant de provoquer une situation qui pourrait la mettre en danger. Elle est épuisée par une sous-alimentation, des nuits sans sommeil, l'immobilité prolongée dans l'obscurité, les douleurs lancinantes dans le dos et la progression insidieuse de la maladie. Ma sœur et moi ainsi que son mari, nous nous téléphonons très souvent et attendons l'étape suivante avec appréhension.

Soudain, tout s'accélère. Après plusieurs jours de malaise, maman doit retourner à l'hôpital pour subir à nouveau une intervention. Je demande à ma sœur de nous rejoindre d'urgence. Je ne veux pas revivre seule l'angoisse de l'hôpital, comme lors de la fois précédente.

Ma sœur, prenant immédiatement le train, arrive à point nommé avec les ambulanciers pour lui saisir la main, sans jamais la lâcher même à bord du véhicule, et ce pendant tout le trajet. Maman ne cessera pas de souligner qu'elle n'oubliera jamais sa présence, son soutien constant ce jour-là, accompagnant ses paroles « elle a été super, *vraiment super, comme ça, Jeanne* » avec le geste de son pouce levé.

À mesure que la situation s'aggrave, certaines dates, échéances et détails se troublent dans ma mémoire, se mêlant et se confondant. Avant de la rejoindre à l'hôpital, je passe chez elle pour récupérer quelques-unes de ses affaires et lui apporter sa trousse de maquillage.

Le personnel médical, attentionné, défile dans sa chambre pour prendre de ses nouvelles. Je me souviens du calme de maman, allongée sur le lit, de sa sérénité, pendant que ma sœur et moi nous nous rendons à la boulangerie voisine pour lui acheter à manger, afin qu'elle puisse savourer quelques bouchées d'une crêpe sucrée. Je me rappelle maman demandant notre présence à nous deux, ses filles, car selon ses propres mots, c'était « une affaire de filles », et elle ne voulait pas que son mari la voie ainsi, sous la lumière crue des néons de la chambre d'hôpital, démaquillée et à son désavantage.

Je me souviens de la musique qui se diffuse depuis nos téléphones, et les chansons qui se succèdent pour briser la froideur glaçante de cette chambre d'hôpital et nous apporter un peu de chaleur, un peu de chez elle, ici. Nous chantonnons et sourions sur la magnifique chanson de Renaud, *La ballade nord-irlandaise*. Les paroles résonnent dans la chambre et nous nous laissons doucement bercer par la mélodie : « J'ai voulu planter un oranger, là où la chanson n'en verra jamais, là où les arbres n'ont jamais donné que des grenades dégoupillées... J'ai dit aux hommes qui se battaient, je viens planter un oranger... Pas une guerre ne pourra durer, lorsque la bière et l'amitié et la musique nous feront chanter... Tuez vos dieux à tout jamais, sous aucune croix l'amour ne se plaît, ce sont les hommes, pas les curés, qui font pousser les orangers. Je voulais planter un oranger, là où la chanson n'en verra jamais. Il a fleuri et il a donné les fruits sucrés de la liberté. »

Maman est calme et silencieuse. Sereine. Elle sourit presque. Et nous regarde tendrement.

Il n'y a plus de feu dans la cheminée.

CHAPITRE 10

ELLE ET MOI

L'hiver s'est installé avec sa grisaille persistante depuis le retour de maman de l'hôpital, enveloppant la maison d'un voile sombre, même en plein jour.

Marcel m'observe avec une lueur interrogative dans les yeux depuis quelques semaines, cherchant sa place dans ce rendez-vous du silence. Il tâtonne parfois, hésitant, avant de se blottir comme à son habitude près de maman endormie, aux côtés des chats et du petit carlin.

Mes pas feutrés me guident vers le coin de la pièce où repose Winston, lové dans son panier. Il redresse légèrement la tête à mon approche et sous ma caresse, puis après un léger signe de reconnaissance, replonge dans sa somnolence.

Je me rends jusqu'au réfrigérateur, dont la porte s'ouvre avec une légèreté inhabituelle. Mes yeux parcourent les étagères, cherchant en vain les marques de nourriture familières et ce qui m'est habituellement destiné : mes lupins et mes produits favoris ont disparu.

Les sonnettes des coursiers ne retentissent plus à l'interphone.

Les placards, autrefois garnis, semblent désormais désertiques. Même la corbeille de fruits est presque vide ou ceux-ci pourrissent.

Les fenêtres demeurent closes. Les rideaux sont tirés, l'obscurité enveloppe la maison comme un linceul.

Il n'y a plus de flammes qui réchauffent.

Il n'y a plus de nourriture.

Il n'y a plus de chansons.

Il n'y a plus de débats, ni de rires ni de querelles.

Ni de lumière. Ni de films.

Tout est calme et endormi dans la maison.

Tout est noir et épuisé.

Tout est absent.

Tout devient murmure.

Il est midi. Maman dort.

Il est 16 heures. J'erre seule dans l'appartement, ne sachant que faire de ma peau, dans les heures évanouies qui ne se ressemblent plus.

Romane a déménagé et fait ses adieux. Elle est retournée dans sa région natale. Aurélia est arrivée. Elle a immédiatement conquis le cœur de maman. Aurélia, notre nouveau roc, est une agréable surprise. Bien sûr, je ressens de la tristesse à l'idée de ne plus voir Romane, ma compagne de tous les jours et de tous les combats. Son départ emporte avec lui une parcelle de notre histoire commune. Mais je m'efforce de prendre les choses comme elles viennent, en accueillant Aurélia avec optimisme et en me réjouissant de cette nouvelle étape de notre parcours.

Mes pensées se tournent déjà vers Noël et les aménagements nécessaires pour que, de son lit, maman puisse contempler le sapin, les décorations et la crèche qu'elle prenait tant de plaisir à préparer depuis notre enfance.

Si l'été est venu jusque dans nos assiettes, la saison de Noël n'aura qu'à prendre le même chemin et se hisser jusqu'au lit de maman. J'entreprends de faire migrer Noël.

J'en discute avec son mari et je suggère que nous organisions cette période préférée de l'année de maman tout autour d'elle. Maman sera entourée par les couleurs de Noël où qu'elle regarde. Nous pourrions allumer un feu dans la cheminée afin qu'elle puisse, même si elle ne peut le voir, en sentir la douce fragrance fumée dans son joli nez finement dessiné.

Maman sera tout enveloppée par Noël.

En attendant, son anniversaire, le 27 novembre, approche. Nous prévoyons une fête en famille à laquelle nous invitons mes sœurs, avec un délicieux gâteau commandé au nom de « Murette ». Maman trouve le courage et la force de dire oui pour cette réunion ! Deux de mes sœurs prennent le train pour venir lui rendre visite, accompagnées d'une partie de leurs enfants. Maman passe la journée dans son lit, main dans la main avec ma sœur Hannah assise près d'elle et qu'elle n'avait pas vue depuis longtemps, mais avec laquelle elle échange très souvent par SMS et dont elle est très proche. Nous immortalisons ces moments de bonheur par des photos où nos sourires apparaissent sur l'objectif.

À un moment, alors que je suis seule avec elle assise sur son lit, maman me confie qu'elle a l'impression d'être plongée dans la chanson de Charles Aznavour, *La Mamma*, avec toutes ses filles autour d'elle qui vont et viennent. Elle assiste ainsi au spectacle de nos allers et venues. Je ne peux m'empêcher de rire, et lui assure qu'elle n'est pas le personnage de la chanson. Je ne comprends pas le message qu'elle vient de me faire passer, sciemment ?

Les trains repartent.

Je ne sais pas comment maman a trouvé la force et le courage de tenir ce jour-là comme elle l'a fait.

Elle n'a cessé de nous impressionner par sa robustesse et sa résistance à la douleur. Les jours qui suivent son anniversaire s'enchaînent avec le même rythme qu'auparavant.

La fête semble avoir été un îlot dans « ses jours de nuit », un sursaut de vie aussitôt évanoui, une parenthèse enchantée. Depuis le salon où je travaille, j'entends les plaintes de maman qui recommencent, résonnent dans l'air, puis s'éteignent.

Paddington vient me solliciter en grattant ma jambe pour m'indiquer qu'il a besoin de sortir, ou se colle à moi toute la journée, recherchant un signe de vie. Consciente du besoin de repos de maman, je décide, sans la déranger ni la réveiller, de faire un petit tour de pâté de maisons avec les deux toutous. Je descends rapidement, mais dix minutes après être partie, je reçois son appel de détresse lorsqu'elle se rend compte de mon absence et qu'elle se retrouve seule, prise de panique.

En quelques enjambées, je remonte en courant.

Elle me fait promettre de ne jamais plus la laisser seule.

Je m'excuse et la rassure, jusqu'à ce qu'elle se calme.

Oui, c'est promis, maman, je ne te laisserai plus jamais seule.

Je dors de moins en moins. Et quand je dors, je dors très mal. Nos nuits sont ponctuées par les SMS inquiets que nous échangeons avant les premières lueurs de l'aube. Je les lis parfois lors de mes insomnies vers 4 h 30 du matin.

Maman ne mange plus. Elle ne dort plus non plus. Figée dans l'obscurité, confinée à son lit et à quelques pièces de l'appartement, elle a perdu toute notion du cycle jour-nuit. Elle ne distingue plus les heures comme nous le faisons.

Je discute par téléphone plusieurs fois par jour avec ma sœur, pour la tenir informée de la situation. Je lui confie que je ne suis pas infirmière et que je commence à me sentir dépassée. Je n'ose pas le dire au mari de ma mère, que je vois de plus en plus éreinté et qui m'explique comment accomplir tel ou tel geste avec elle. Je suis pleine de bonne volonté mais mes bras commencent à faiblir. Je sens que j'atteins mes limites physiquement, j'essaie cependant de le cacher.

Pour que maman soit mieux prise en charge, nous décidons de mettre en place une hospitalisation à domicile (HAD). L'HAD permet, en effet, de recevoir des soins médicaux et paramédicaux intensifs chez soi, plutôt que dans un établissement hospitalier traditionnel. Elle est destinée aux patients ayant besoin de soins lourds ou complexes, mais qui peuvent néanmoins être pris en charge dans le confort de leur domicile.

La procédure de mise en place prend un peu de temps. Il existe des critères d'éligibilité. Il faut ensuite trouver le personnel disponible et qui correspond aux besoins du patient.

Nous avons déjà dû accepter l'idée que l'hospitalisation à domicile était devenue nécessaire. Nous souhaitons que maman puisse rester chez elle le plus longtemps possible, entourée de ses fleurs, de sa radio, de ses meubles, de ses animaux, de sa vie et de tout ce qu'elle aime. Cependant, il devient évident que nous commençons à manquer de compétences pour assurer ses soins au quotidien. Et la situation se dégrade.

En marchant dans la rue, je tombe par hasard sur une petite annonce. Il s'agit de donner des cours de théâtre à des enfants tous les mercredis. Je saute sur l'occasion de travailler quelques heures par semaine, près de chez moi. Je pense que mon instinct de survie me guide. Je suis prise pour ce nouveau travail qui commence quelques jours plus tard. Je suis très contente. Je décide de le dire à maman dès qu'elle aura repris des forces. Je ne veux pas que cette nouvelle l'angoisse.

Mon premier cours arrive. La veille, j'étais plongée dans l'obscurité et le silence, aujourd'hui, je me retrouve immergée dans un festival de lumières, de cris joyeux et de rires, entourée par dix enfants débordants de vitalité et de gaieté, âgés de 4 ans et demi à 10 ans. Ce matin, Aurélia est aux côtés de maman. Je suis à peu près rassurée, mais au début du cours, mon esprit est là-bas, auprès de ma mère, dans sa chambre, avec les animaux. Je regrette de ne pas avoir le don d'ubiquité. Je me sens coupée en deux. Mon esprit doit s'adapter rapidement à cette explosion d'énergie et de décibels qui tranche avec hier et les derniers mois que j'ai vécus et vis encore. Dans un contraste saisissant, je me retrouve plongée dans des shoots de lumière et de vie qui forcent mon attention, ma pleine présence et ma conscience.

Le cours commence. Je reçois un premier SMS de maman, me demandant : « Où es-tu ? Quand viens-tu ? »

Je lui réponds aussitôt que je suis en rendez-vous professionnel à l'extérieur toute la journée, et que je ne pourrai pas venir immédiatement. Je la rassure en lui disant que j'essaierai de venir la voir vers 16 h 30-17 heures, et que nous passerons toute la journée ensemble le lendemain. Je lui rappelle qu'Aurélia est présente à ses côtés aujourd'hui, et que tout ira bien.

Dans un deuxième message, elle me répond : « Je veux que tu viennes. » Déposant alors mon téléphone sur une étagère, je décide de me concentrer pleinement sur mon cours, et de faire connaissance avec mes nouveaux élèves.

Une heure plus tard, en reprenant mon portable, je découvre le troisième SMS de maman : « Je quitte la maison. »

C'est la première et unique fois où je ne lui répondrai pas.

Je ne comprendrai ce qu'elle a voulu me dire que bien plus tard. Ce SMS hante toujours ma mémoire à ce jour.

J'enchaîne un autre cours l'après-midi. À la fin de la journée, je suis épuisée et sans aucune énergie pour me rendre chez elle. J'ai envie de rentrer chez moi. J'ai besoin de me reposer et de dormir. Cette nuit-là, mon sommeil est fragile. Je sais que maman ne dort plus, que ses nuits sont pénibles et qu'elle souffre. Je dors près de mon téléphone, prête à réagir à la moindre vibration.

Je m'endors.

J'attends.

Le lendemain, je suis censée rester seule avec maman toute la journée, sans la présence d'Aurélia. Cette perspective ne me rassure guère, étant donné surtout la mobilité réduite de maman qui nécessite mon assistance pour la moindre tâche. Maintenant – et fait nouveau – je dois la soutenir pour aller à la salle de bains, dans une proximité corporelle étroite, corps à corps. Deux jours auparavant, son mari m'avait montré les gestes à accomplir pour l'aider à s'asseoir et à se lever.

En arrivant, j'essaie de reproduire seule ces gestes. Ensemble, nous parvenons à nous mettre debout, puis nous nous serrons, l'une contre l'autre, moi derrière elle avec mes bras sous ses aisselles pour la soutenir et sur lesquels elle s'appuie. Nous entamons notre marche et nous avançons très lentement, pas à pas, vers la salle de bains. C'est alors que sur notre chemin, maman, prise d'un réflexe instinctif à la vue d'une tâche marron sur le carrelage blanc de la cuisine, se penche en avant, tend son bras droit pour saisir, dans un geste au ralenti, cette chose qui attire son attention sur le sol. Je m'entends lui dire à haute voix « Non ! Non ! Non ! », mais trop tard. Me glissant des bras, elle ne peut plus arrêter sa descente. Elle atterrit par terre – en douceur –, avec entre les doigts la touffe de poils du chat persan, chocolat.

Je me penche et tente de la rassurer avec des mots, tout en essayant de la relever de toutes mes forces. En vain. Je commence à avoir mal aux bras et au dos, et je n'ai pas la force de la tirer vers le haut. Elle me dit qu'elle n'a plus de force dans ses jambes et me demande pourquoi elle n'y arrive pas. Pourquoi ne sent-elle plus ses jambes ? Pourquoi n'arrive-t-elle plus à se relever ? Elle me répète en boucle « pourquoi... pourquoi... ». Je la rassure et je décide de m'asseoir en face d'elle, en l'enlaçant fort dans mes bras, pour récupérer des forces, prendre le temps de réfléchir à ce que je vais faire, et pour qu'elle ne tombe pas plus. Tout en lui parlant, les pensées fusent à cent à l'heure dans ma tête. Je dois la laisser dix secondes pour aller récupérer mon portable et prévenir son mari qu'il nous rejoigne. Je guette également l'horloge car le médecin généraliste doit venir le même matin pour établir l'HAD. De peur qu'elle ne tombe, je cours et reviens vite me remettre dans ma position initiale afin qu'elle soit calée et en sécurité. Son mari me répond aussitôt qu'il arrive. Je maudis le fait d'être une fille qui n'a pas la force de la hisser jusqu'à son lit.

Nous restons là, toutes les deux, dans le silence, nous tenant dans nos bras, fermement enlacées. Nous attendons. Elle me répète en boucle qu'elle est désolée « pardon, pardon... », et s'excuse : « Mais qu'est-ce qu'on va faire ? Mais qu'est-ce qu'on va faire ? Pardon... Qu'est-ce que je te fais vivre... ». C'est alors que je m'entends rire et lui dire « mais non... dis donc maman, regarde-nous... regarde tout ce qu'on aura vécu ensemble, toi et moi ; qui aurait cru qu'on finirait dans les bras l'une de l'autre par terre sur le sol de la cuisine, à cause d'une touffe de poils du chat ! Il a fallu que tu la ramasses ! » L'ironie du destin, à laquelle je faisais allusion, réside dans le fait qu'enfant, j'avais vu maman effectuer ce geste maintes fois, dans tous nos appartements et avec tous ses chats. Ce jour-là, elle s'est accordé le droit de reproduire ce geste-réflexe. Maman a conservé son instinct jusqu'au bout. Maman reste maman.

Elle sourit.

Nous attendons, sages et patientes, assises ensemble, que la force d'un homme vienne nous sortir de cette situation. Enchaînées l'une à l'autre. Je te tiens fort, maman, je ne te lâche pas. Elle tourne alors son regard vers moi, à deux millimètres de mon visage. Je vois ses grands yeux noyés dans leurs souvenirs me regarder de très près avec un sourire doux. Comme dans une prise de conscience qui n'appartient qu'à elle, elle lève très doucement sa main droite, la passe au ralenti dans ma queue de cheval et me caresse les cheveux avec une expression de bonheur, presque d'extase, comme si elle me touchait et me sentait une dernière fois, avant de la laisser retomber.

Dans mes cheveux, ses souvenirs.

C'est lors de cette dernière étreinte avec ma mère que l'interphone retentira. Je devrai me lever pour ouvrir au médecin qui arrive.

C'est le dernier moment que nous partagerons toutes les deux, enlacées, maman et moi. Nous ne serons plus jamais seules, elle et moi.

CHAPITRE 11
À BOUT DE SOUFFLE

Ô joli feu de cheminée de maman, quand ressentirai-je à nouveau ta merveilleuse odeur primitive ?

Maman entre à l'hôpital le lendemain matin.

La veille, sur le chemin du retour, j'ai raconté à ma sœur Jeanne tout ce qu'il s'est passé, notre étreinte au sol, ma fatigue physique, et je lui ai demandé avec insistance de venir au plus vite. Elle arrive en train, le lendemain matin, pile à temps pour tenir à nouveau la main de maman en descendant les escaliers, et dans l'ambulance. C'est elle que maman réclame. Elle veut Jeanne. Pas moi. Je l'entendrai dire qu'elle n'a « confiance qu'en Jeanne. Ah oui, ça, Jeanne, elle est super ! On peut compter sur elle, elle ne me lâche pas ! La dernière fois, elle m'a tenu la main tout le temps ».

Même si cette phrase me fera pleurer, je n'en voudrai ni à l'une ni à l'autre. Je sens que je dois déléguer. Je ne peux pas tout porter.

Maman a besoin de toutes les forces aidantes, et moi aussi qui me sens impuissante, semblable à un vase de plus en plus ébréché. Bien entendu, le mari de maman est aux premières loges mais à nouveau je ne parlerai pas de sa merveilleuse présence, de sa ténacité et de tout l'amour qu'il a donné à maman jusqu'au bout.

Ma nièce, venant du sud de la France, nous rejoint et ensemble, nous prenons la route vers l'hôpital en voiture. Sur place, elle saisit la main de maman, rapidement prise en charge pour les premiers soins. Le défilé commence alors, dans un tourbillon de visages et de voix auxquels nous ne sommes plus accoutumées avec maman.

Notre micro-cellule familiale de ces vingt-quatre derniers mois se fissure, j'ai l'impression de me retrouver au cœur d'une ruche, avec des abeilles arrivant de toutes parts, même si leur présence est légitime. Je ne suis plus habituée au bruit, vivant depuis des jours dans une semi-obscurité et un silence qui contrastent soudainement avec les lumières de l'hôpital et cette animation. Les « Quatre Fantastiques », qui semblaient jusqu'alors indomptables au combat, ressemblent maintenant à des héros sur le point de signer l'armistice. Je regarde avec une distance émotionnelle notre quatuor de deux ans se dissoudre dans la foule des autres, prêts à prendre le relais. Il est temps pour moi de faire un pas en arrière, de céder la ligne de front à cette armée de secours qui afflue vers celle dont je prends soin depuis tant de temps, qui me connaît mieux que jamais et auprès de qui j'ai appris l'art de la guerre. La seule chose qui m'importe est de répondre aux envies et aux besoins de maman, qui veut se protéger de toute intrusion, même familiale. Il faut maîtriser l'art difficile du lâcher-prise tout en restant vigilante à son bien-être, au milieu de cette subite agitation où tout s'accélère et s'entrecoupe de visages familiers mais ignorant pourtant tout ce que nous avons vécu et partagé.

En quelques secondes, je réussis à lui demander si elle se sent bien, si elle apprécie cette soudaine effervescence autour d'elle. Elle me répond que oui, que tout va bien.

Et c'est tout ce qui compte.

Nous sommes le vendredi 1er décembre 2023.

J'envoie un SMS à ma sœur Hannah pour lui dire qu'il est temps, qu'elle doit se dépêcher de venir si elle veut voir maman. Je n'ai pas conscience d'une échéance précise. Que dois-je écrire ? Que puis-je dire ? Est-ce que j'exagère si j'écris « *maintenant ou jamais* » ? Est-ce suffisant si je lui dis « fais comme tu veux » ? Quel recul peut-on avoir sur les événements ? Je ne suis pas devin, moi-même plongée dans ce maelström. Je ne sais plus si c'est moi ou une autre de mes sœurs qui prévient ma sœur aînée, qui vit en Corse.

Une fois maman installée dans sa chambre, je demande au personnel médical s'il y a bien un accès Wi-Fi qui me permettra de venir travailler avec mon ordinateur dans sa chambre lundi matin, tout en veillant sur elle. Je dois prévoir ! La réponse est positive et je ressens un grand soulagement. Je ne veux pas qu'elle soit seule ici et je dois organiser les prochains jours, quand tout le monde sera reparti. Sa grande angoisse a toujours été la solitude, depuis sa plus tendre enfance.

Nous restons tous jusqu'à la dernière heure à l'hôpital. Jeanne, ma sœur Juliette qui est arrivée de Londres, ma nièce, le mari de maman et moi, encadrés par une équipe médicale formidable, attentive, patiente, prévenante et serviable. Maman ne dormira pas seule cette nuit. Nous lui avons apporté une partie de ses objets personnels : des fleurs, une jolie lampe colorée, un cadre de photos de famille qui était accroché à droite de son lit avec nos visages d'enfants ouvrant nos cadeaux de Noël, un joli plaid rose très doux et douillet, récemment offert pour son anniversaire par notre sœur Hannah qui n'est pas là, sa trousse de maquillage, son parfum, son poste de radio, et tout ce que nous pouvons pour qu'elle se sente le moins dépaysée possible dans cette chambre blanche à la symétrie géométrique, à l'opposé de son univers romantique qui aime les rondeurs, le charme de la campagne anglaise, les lumières tamisées, le rose et les fleurs.

Nous écoutons Renaud. En boucle. Et alternons avec des chants de Noël. Du jazz *smooth*. Des chansons gaies, surtout des chansons gaies. Douces. Et suaves.

Samedi 2 décembre 2023.

Notre escadrille de quatre filles se rejoint pour à nouveau prendre la direction de l'hôpital. À notre arrivée et après que je suis allée promener les petits chiens restés seuls cette nuit-là – dont les yeux vifs et pleins de tendresse semblent chercher des réponses à l'absence de leur maîtresse qu'ils veillent habituellement jour et nuit –, un léger soulagement se dessine sur le visage de maman. J'enchaîne les allers-retours entre chez moi, chez elle pour la promenade des chiens et l'hôpital. Quand je m'occupe d'eux, j'ai l'impression de prendre soin d'elle et de perpétuer nos rituels de vie en restant fidèle à une de nos dernières habitudes.

Les premiers soins et médicaments commencent à produire leurs effets, même si son agitation demeure.

En moins de vingt-quatre heures, tout est devenu une scène de théâtre où les personnages entrent et sortent tantôt côté cour, tantôt côté jardin, dans une succession rapide de portes qui s'ouvrent et se referment. RER, trains, avions, taxis, voiture... tout se mélange et s'accélère pour finir par converger et se figer dans le calme relatif d'une chambre d'hôpital. Nous sommes autorisés à rester nombreux autour d'elle, bien que nous soyons tentées de faire remarquer qu'ils n'ont pas encore vu notre famille réunie au complet !

Le soir, notre petit groupe se réduit à quatre : son mari, ma sœur Jeanne, ma nièce et moi. Après cette journée éprouvante, nous décidons de dîner entre filles dans un restaurant italien, avant de regagner ma maison où tout le monde va dormir. La perspective de voir maman aller un peu mieux nous apaise. Elle semble enfin trouver un léger répit dans la douleur et un certain soulagement grâce aux soins prodigués à l'hôpital. Dans l'intimité du restaurant, nous partageons toutes les trois nos souvenirs, nos peurs, nos espoirs, tout en laissant couler quelques larmes et un peu de vin.

Nous réévoquons la dernière scène de la journée à laquelle nous avons assisté, chacun d'entre nous debout entourant maman de part et d'autre de son lit, quand, dans un regain de clairvoyance et d'énergie inattendues, elle s'est assise calmement dans ses draps blancs en trouvant soudain la force d'attraper le triangle situé au-dessus d'elle. Elle s'est mise à nous dévisager, lentement, un par un, fixant chacun de nos visages de ses grands yeux perçants, dans la pièce devenue solennellement silencieuse par son seul regard profond. Balayant la tête de droite à gauche et articulant chacun de ses mots avec intensité et dans une intention, elle prononça alors cette phrase : « Je vous VOIS, je vous regarde TOUS. »

Suscitant une gêne diffuse et des sourires nerveux un peu interloqués, ses paroles et son regard, soudain empreints d'une acuité presque surnaturelle, nous avaient laissé interdits. Nous avions échangé des regards furtifs, perplexes et maladroits, comme pris au dépourvu.

Aujourd'hui encore, cet instant se rejoue inlassablement dans ma mémoire.

Ce soir-là, épuisée mais apaisée, je m'endors pour la première fois depuis longtemps, avec un léger sentiment de quiétude et de réconfort.

Maintenant que maman est entre de bonnes mains à l'hôpital, je dois profiter d'une nuit de sommeil pour me requinquer et récupérer toutes ces heures d'insomnie. Je n'ai qu'une pensée en tête, me mettre en état d'affronter les prochains jours. Ce sont le stress et l'adrénaline qui me font tenir debout. Je peux éteindre mon portable, je DOIS dormir. Je débranche. Tout comme ma sœur et ma nièce qui dorment dans la pièce d'à côté.

Je rêve de Marcel, son aboiement résonne dans mon sommeil... Il se tient là, dressé dans la nature, ses aboiements deviennent de plus en plus insistants, m'avertissant d'un danger imminent. Soudain, je me réveille en sursaut pour découvrir que Marcel aboie réellement. *Est-ce que j'entends bien des tambourinements contre ma porte d'entrée en plein milieu de la nuit ?*

Je me lève brusquement, désorientée, cherchant mes repères, vacillante sur mes pieds, encore endormie. D'une voix tremblante, je demande « qui est là ? ». Dans l'obscurité, la voix du mari de maman me répond : « *Votre mère est en train de mourir* ». Chancelante, je me précipite vers la porte pour l'ouvrir. Il a déjà disparu. J'entends la porte de l'immeuble se refermer et ses pas pressés déguerpir, en colère. J'allume mon téléphone et je ne compte plus le nombre d'appels manqués que je vois défiler sur l'écran.

Je me précipite pour réveiller les filles. En un clin d'œil, nous nous habillons, appelons un Uber et nous nous retrouvons, dans la nuit noire, à l'hôpital.

Dimanche 3 décembre 2023. 4 heures – passées – du matin.

Nous pénétrons dans sa chambre. Maman n'est plus consciente. Je refais un aller-retour dans la matinée pour promener les chiens. À mon retour et en mon absence, maman est tombée dans un coma naturel. Nous verrons le visage universel de la mort s'emparer de son corps, et peu à peu de chacun de ses membres et de son visage. La mort fait bien les choses. Elle s'infiltre lentement dans le sang, dans la chair et dans le souffle de l'être dont elle s'empare, changeant au fil des heures jusqu'à l'expression même de ses traits. Je reconnais de moins en moins maman. *Où est-elle ?*

Il fait dorénavant nuit dans la chambre aux volets fermés et nous veillons. La journée se passe, cotonneuse, entre les machines à café du hall de l'hôpital, entre sourires et silences.

Hannah nous rejoint en train tard cette même nuit. Maman s'enfonce dans un coma de plus en plus profond.

Nous la couvrons de mots doux et de baisers, nous relayant autour d'elle sans jamais lui lâcher la main, avec la musique qu'elle aime pour l'accompagner. J'embrasse ses bras et ses mains. Nous ne cessons de lui parler et nous avons la certitude qu'elle perçoit tout ce qui se passe autour d'elle. À plusieurs reprises, en lui posant des questions, j'aurai la preuve qu'elle entend tout par ses mouvements de bras. Notre principal souci est qu'elle ne souffre pas, ce dont nous nous assurons en étroite collaboration avec le personnel médical. Nous assistons aux phases médicalement très impressionnantes de pré-agonie et d'agonie sans que personne ne nous les ait expliquées. J'irai chercher seule sur Internet ce par quoi maman passe. Le masque du grand départ avance peu à peu et prend possession de son corps, qui commence à émettre son chant du cygne. Les râles de la pré-agonie, très impressionnants, ponctuent chacune de ses respirations. Le métabolisme se modifie, le corps se prépare. Il faut les avoir entendus pour les reconnaître. Il ne s'agit presque plus de maman mais de la naissance et de la fin du monde et de l'humanité tout entière. C'est la nuit. L'un de nous dort sur un matelas au sol, un autre est assis dans un fauteuil, tandis que le troisième fait les cents pas dans le couloir, attendant le quatrième parti chercher de la nourriture. Je me roule finalement en boule sur le lit et m'endors main dans la main avec maman. Je suis recroquevillée comme un chien veillant sur son maître, dans l'obscurité de sa chambre. Puis je sens Hannah me secouer pour me réveiller et m'annoncer que « *ça y est* », c'est presque la fin. Nous comptons les souffles lents de l'agonie s'espacer, tous réunis autour d'elle, nous l'enlaçons et lui murmurons nos derniers mots pour son passage vers l'au-delà.

Maman s'est envolée vers les étoiles cette même nuit, du dimanche 3 au lundi 4 décembre 2023, entourée jusqu'à son dernier souffle par chacun de nous, bercée par la musique et nos mots d'amour, nos gestes doux et nos mains qui ne l'ont pas quittée : son mari, ma nièce, Hannah, Jeanne et moi pour l'accompagner dans son nouveau voyage.

ÉPILOGUE

Nous nous sommes enlacés.

Nos mains se sont serrées.

Je me rappelle ma sœur Jeanne se penchant vers moi, dans le silence noir de la chambre, alors que je suis assise dans le fauteuil à l'angle droit de la pièce, face au corps de maman endormie pour l'éternité, me murmurer à voix basse :

« *Merci pour tout ce que tu as fait pour maman.* »

Plus personne ne m'appellera jamais Loulou.

Quelques semaines plus tard, le mari de maman nous enverra un SMS. Sous la photo d'un bel arbre au bord de l'eau, baigné de soleil, là où les cendres de maman ont trouvé leur dernière demeure, il écrira :

« *Murette est partie embellir le monde* ».

BLANDINE CHEMIN-SAUQUE

DEUXIÈME PARTIE

DES MOTS SUR LES MAUX

INTRODUCTION

Le témoignage d'Éloïse, alternant légèreté et gravité, nous dévoile une mission complexe, celle d'aidant, et n'en cache ni les aspérités ni les blessures sous-jacentes. S'il existe bien des manières de cheminer face à l'épreuve de la maladie, Éloïse et sa mère ont inventé et construit ensemble une façon d'affronter l'innommable et l'impensable. Acculée devant une réalité qu'elle n'a pu nier, Éloïse a néanmoins choisi peu à peu de se soustraire à la perspective pessimiste de la maladie dans un élan salvateur, empreint de créativité, qui porte en lui l'incarnation d'un « optimisme de combat » selon l'expression du philosophe Michel Serres.

Ce qu'Éloïse nous livre dans son témoignage n'est ni une fiction, ni une exception. Tous et toutes avons été ou risquons d'être confrontés tôt ou tard à cette exigeante épreuve de l'accompagnement ; des difficultés seront traversées, des choix devront être définis et des limites posées. À travers ces lignes, nous souhaitons mettre en lumière la complexité de la fonction d'aidant et la singularité de chaque relation qui s'écrit dans ce contexte. Discerner toutes les nuances (émotionnelles, physiques, psychiques et spirituelles) qui colorent cette expérience vous apportera, nous l'espérons, des repères et un soutien pour traverser le mieux possible ces périodes de vie où, au-delà de la souffrance et de la fatigue, il y a tant à donner et à recevoir.

CHAPITRE 1
ENTRER DANS L'« AIDANCE »

Garants de la mémoire défaillante de certains, béquilles réelles ou symboliques pour d'autres, pansements des blessures bien souvent, les aidants occupent une place complexe dans l'accompagnement des personnes vulnérables. Ils ont à relever de nombreux défis, à endosser des responsabilités multiples et variées, les façonnant tout à la fois soignant, médecin, psychologue, assistant social, auxiliaire de vie, agent administratif, etc.

Exposés à la maladie, à la vieillesse ou au handicap d'un proche, les aidants naviguent à vue, ballotés entre incertitudes, projections anxiogènes dans l'avenir ou prophéties médicales limitantes (quand le pronostic de mort imminente, parfois erroné, impacte notre capacité à nous inscrire dans le présent, tout en nous projetant sans retenue dans un futur écrasant qui réduit le champ des possibles). Dans ce contexte, le temps prend une autre dimension, tantôt ramassé, tantôt étiré, et cette situation aux allures de course de fond est éreintante.

Les situations d'urgence, les diagnostics ou les mauvaises nouvelles altèrent, voire suppriment, la possibilité de penser avec modération et distance à l'engagement que l'on souhaite prendre ; il faut se mobiliser prestement, s'adapter à des imprévus, et composer avec les évolutions du contexte, prévisibles ou inattendues.

Interface entre la personne aidée et son environnement (familial, social, professionnel, etc.), l'aidant est projeté bien malgré lui dans des univers parallèles ou inconnus. Ce rôle singulier est éprouvant, chronophage et énergivore ; **comment se protéger tout en restant engagé ? Quelles limites est-il légitime de poser afin de garantir l'équilibre des uns et des autres ? Et comment composer avec la culpabilité qui en découle bien souvent ?** Ces questions préoccupent les aidants, les plongent dans l'introspection personnelle, ravivent parfois de l'amertume ou des blessures qu'il est difficile de dépasser, et les exposent à des mouvements affectifs douloureux tel le rejet ou l'angoisse. Si apporter son aide met en lumière la dévotion, l'élan de générosité, d'amour ou de combativité, n'oublions pas que s'y logent aussi la douleur, l'épuisement, l'ambivalence, le refus, la colère ou la lassitude.

Qu'il s'agisse de maladies chroniques ou de troubles psychiatriques, en passant par des pathologies neurodégénératives ou des situations aiguës (situations qui surviennent brutalement et peuvent évoluer favorablement ou se dégrader rapidement) ayant engendré des handicaps plus ou moins lourds, il y a, derrière chacune de ces épreuves, des personnes mobilisées pour prendre soin d'une autre, à des degrés divers et sur des durées très variables, allant de quelques semaines à plusieurs décennies.

LES AIDANTS D'AUJOURD'HUI

Chaque histoire doit nous amener à considérer avec intérêt et empathie ce qui se vit dans le monde des aidants. Bien sûr nous préférerions éviter d'envisager qu'un jour nous soyons confrontés à cette situation. Pourtant, les aidants sont partout. Ils sont nos proches, qui peut-être un jour auront à nous assister ; et chacun d'entre nous est un potentiel aidant qui s'ignore ou anticipe avec une certaine appréhension cette épreuve de vie.

Force est de constater que le contexte socio-économique actuel désavantage les aidants sur de nombreux plans. En effet, notre système de santé peine à offrir les garanties nécessaires aux patients et à leurs proches d'être soutenus tout au long de ce chemin. L'épuisement des professionnels de santé, alimenté par une politique gestionnaire déshumanisante et hors-sol, et ce qu'ils exercent en ville ou en institution, traduit leur vaine tentative pour pallier les manques de moyens et de temps. Ils ne disposent plus de ressources internes et externes suffisantes pour accompagner les personnes vulnérables de façon ajustée. En outre, certains services de soin à la personne sont en difficulté pour recruter du personnel qualifié et sensibilisé à l'engagement affectif que requiert l'accompagnement des plus fragiles, laissant les aidants désabusés sur le réel soutien qu'ils espéraient trouver.

Si l'on considère les données démographiques actuelles, le vieillissement de la population et l'évolution des techniques médicales qui permettent d'allonger l'espérance de vie – sans nécessairement garantir que le temps gagné soit toujours du temps de qualité –, il est impossible d'occulter les attentes qui pèsent sur les proches, parfois contraints à rejoindre le rang des aidants, y compris dans des tâches douloureuses à assumer, car trop engageantes sur le plan affectif et mettant à mal les frontières établies jusqu'ici avec la personne en demande d'aide.

Enfin, les évolutions de la société sont peu favorables à l'accompagnement et au soutien. L'éclatement géographique des familles, la complexité des systèmes familiaux, l'exiguïté des espaces de vie dans les zones urbaines, les enjeux professionnels écrasants et l'augmentation du coût de la vie, pour ne citer qu'eux, sont autant de facteurs qui plongent bon nombre de malades dans la solitude, et nombre d'aidants dans des choix qui n'en sont pas. Il existe entre 8 et 11 millions d'aidants en France dont 61 % exercent une activité professionnelle (source France Travail avril 2024). Parmi eux, des salariés ou des entrepreneurs, inégalement confrontés aux conséquences de l'« aidance » ; Éloïse est fragilisée du fait de son activité professionnelle, qui la rend plus précaire financièrement et l'expose au risque que sa moindre disponibilité puisse nuire à ses partenariats professionnels. Si des aides financières sont possibles, le parcours pour les obtenir peut être tortueux et chronophage. De plus certaines d'entre elles ne sont accordées que sur des périodes de courte durée alors que les besoins se pérennisent souvent, d'autant plus que la chronicité gagne du terrain.

UN PREMIER PAS NÉCESSAIRE : SE RECONNAÎTRE AIDANT

D'aimant à aidant, il n'y a parfois qu'un pas ; qu'il s'agisse d'un enfant ou d'un conjoint, d'une sœur ou d'un ami proche, nombre d'aidants se révèlent ainsi dans les aléas de la maladie ou du handicap, en n'ayant pas nécessairement le sentiment d'avoir choisi de l'être. Le réel s'est imposé à eux dans toute sa violence parfois (en cas d'accident sur la voie publique, par exemple), mais aussi dans des dégradations plus lentes et silencieuses, mobilisant un peu plus chaque jour les membres de l'entourage ou les plus proches amis. D'une déclaration d'impôt à remplir à un plein de courses à faire, en passant par l'accompagnement du proche à une visite médicale, les contours de cette réalité ne se dévoilent parfois qu'insidieusement. Pour Éloïse comme pour tant d'autres, aucun contrat n'est explicité, aucun consentement n'est donné ; tout est scellé dans l'implicite au fur et à mesure que les besoins de sa mère s'accroissent.

Éloïse n'a jamais eu le sentiment d'endosser ce rôle, mais plutôt d'avoir répondu à l'appel des liens affectifs, des besoins ou des sollicitations de sa mère. Ceux-ci, devenus récurrents et s'étant diversifiés avec le temps, la guident alors imperceptiblement sur la terre des aidants. C'est donc toute une continuité dans l'attachement, l'amour et la présence qui peut naturellement conduire à s'offrir comme soutien ; **« je ne suis pas un aidant, je suis un aimant »** m'avait ainsi confié l'époux d'une femme atteinte d'une tumeur cérébrale agressive.

L'article 51 de la loi du 28 décembre 2015 définit l'aidant comme « une personne qui vient en aide, de manière régulière et fréquente, à titre non professionnel, pour accomplir tout ou une partie des actes ou des activités de la vie quotidienne d'une personne en perte d'autonomie du fait de l'âge, de la maladie ou d'un handicap ».

Dans son baromètre Aidant.es 2024, le collectif Je t'Aide apporte de nombreux éclairages sur la situation des aidants en France ; 68 % des aidants se reconnaissent comme tels ; parmi eux, 48 % utilisent ce terme pour décrire leur situation auprès de la personne aidée ; 34 % ont été éclairés par leur entourage dans cette reconnaissance, tandis que 20 % l'ont été par des professionnels de la santé. Enfin, 1 aidant sur 3 ignore qu'il l'est.

« J'aurais aimé que l'on me dise plus tôt que j'étais l'aidant de ma sœur. Je n'avais jamais pensé me retrouver dans cette situation avec elle. J'ai mis beaucoup de temps à le percevoir aussi, car c'était compliqué d'entrer si brusquement dans la vie intime de ma sœur. » (M. C.)

Le baromètre Aidant.es 2024 nous révèle encore que 49 % des aidants ne prennent conscience de ce statut qu'au bout de 3 ans ou plus. L'identification à ce rôle s'apparente à un processus long et complexe qui doit conjuguer les ressentis, les perceptions, les données médicales et la réalité du terrain, pour en tirer les conclusions qui s'imposent ; il nécessite aussi l'accumulation d'un certain nombre d'événements annonciateurs pour que l'aidant consente à se reconnaître comme tel et en assume les responsabilités. Éloïse le découvre ainsi lorsque de simple accompagnatrice pour un examen, elle bascule soudainement dans le registre de l'aide à sa mère après sa première hospitalisation, et plus encore lorsque les symptômes de la maladie s'aggravent et que la demande maternelle se fait plus insistante.

D'autre part, accepter cette nouvelle réalité, faire la place aux changements devenus inévitables, et admettre la bascule d'une place exclusive de parent ou d'ami à celle d'aidant requiert la mise en œuvre d'un travail de deuil important. La fonction miroir des proches et des professionnels est essentielle pour faciliter cette prise de conscience car **un aidant qui s'ignore est un aidant plus vulnérable**. Pour Éloïse qui semble évoluer en autarcie avec sa mère, ce sont davantage des lectures ou des informations glanées au fil de ses recherches qui l'orientent vers cette conclusion. Tant que ce que l'on vit n'est pas clairement nommé, le flou demeure et peut créer un décalage entre l'accumulation continue d'expériences d'aidant et l'image que l'on a de soi. Si prendre conscience de cette situation est brutal pour Éloïse, c'est néanmoins pour elle l'occasion d'agir en conséquence, et pour d'autres de solliciter des structures adaptées ou des associations d'aidants, et de faire valoir leurs droits.

NOMMER LES « AIDANTS »

L'emploi du terme d'aidant est assez récent : ce mot a eu le mérite de projeter dans la lumière nombre de personnes jusque-là invisibles, impliquées dans une démarche d'aide et de soutien, et de les reconnaître comme maillon essentiel du cordon sanitaire humain qui entoure la personne aidée. Les « aidants » recouvrent une pluralité d'individus (amis, proches, voisins) dont la présence et le soutien ne relèvent parfois ni du « naturel » ni du familial. Et cela n'est pas sans conséquence sur la place que l'on peut occuper et sur les motivations qui la précèdent.

Cette appellation, qui permet d'identifier, de valoriser et de reconnaître les proches engagés, porte cependant en elle le germe paradoxal d'un étiquetage réducteur car elle risque de masquer les identités très variées des aidants. Avant d'être un aidant, il y a en effet des hommes et des femmes, aux parcours bien différents dans leurs liens avec la personne aidée et s'inscrivant de manière unique et particulière dans le quotidien de la personne vulnérable.

Nommer sans réduire est donc un enjeu majeur du soutien aux personnes en situation d'aidance, car comme en atteste le récit d'Éloïse, il y a derrière chaque aidant un sujet pétri d'émotions, un proche parent, tantôt vibrant au diapason du malade, tantôt habité par le besoin de s'extraire de ce rôle, qui redoute parfois de disparaître en qualité d'époux, d'enfant, de sœur ou d'ami sous ce voile d'aidant. Bien souvent il y a chez les aidants une volonté d'être là autant qu'un besoin d'être relayé pour se délester du carcan de cette mission, et pouvoir pleinement retrouver leur place première et habiter la relation sans autre fonction.

L'AMOUR PEUT-IL SUFFIRE POUR AIDER ?

Si l'on devient proche aidant souvent sans l'avoir ni souhaité ni identifié, certains y sont contraints par la force des choses : la législation, la logique de la proximité géographique, la place occupée dans la famille, le lien d'attachement si particulier qui peut unir l'aidant et la personne aidée, ou la résonnance que la maladie ou le handicap peut générer.

Si l'amour est un puissant levier dans la relation d'aide, il peut aussi en constituer un frein lorsqu'aidant et aidé vibrent trop fort à l'unisson ; un lien fusionnel mène alors à la confusion des émotions, des histoires et des places occupées dans ce chemin si complexe. Ainsi l'amour ne suffit-il pas toujours à faciliter les choses et il faudra trouver à s'accorder sans se nier et à s'ajuster sans se sacrifier.

Par ailleurs, 48 % des aidants invoquent le devoir comme moteur de leur engagement (baromètre Aidant.es 2024 du collectif Je t'Aide), ce qui fait le lit de conflits intérieurs où le désir ou non de soutenir se heurte au poids écrasant de l'obligation morale. Éloïse est ainsi happée par l'assignation maternelle « sous peine de haute trahison », tout autant que par l'admiration, l'empathie, l'amour, ce qui n'empêchera ni l'ambivalence ni la frustration.

Dans son récit, Éloïse nous fait part de sa logique selon laquelle les proches devraient être les aidants principaux ; bien sûr, dans la mesure où les proches s'inscrivent comme garants d'une histoire et d'une mémoire, et connaissent souvent bien la personne malade, il semblerait logique que cette mission leur soit confiée. Pourtant, cela n'est malheureusement pas toujours envisageable. Aider vient toucher notre vulnérabilité, nos liens d'attachement, et les enjeux émotionnels qui en découlent ne nous rendent pas tous égaux. Certaines relations sont marquées du sceau de la négligence, de la maltraitance ou de la désillusion à l'égard d'un proche parent, et la blessure qui en résulte est incompatible avec la mission d'aidant. C'est aussi un fossé de taille qu'il va falloir franchir pour rejoindre la personne aidée dans l'intime de ses fragilités, dans les profondeurs de ses blessures, dans l'amplitude de ses douleurs, tout en conservant a minima l'ancrage dans sa propre existence. Si l'amour d'autrui s'offre comme un tremplin à la motivation de prendre soin d'une personne, il nécessite aussi que s'y adjoigne l'amour de soi, la considération pour soi-même, la capacité à établir un cadre régi par des règles et contenu par des limites. La relation d'aide se colore donc de mille nuances, des plus lumineuses lorsque l'affection est au rendez-vous dans la relation, aux plus sombres lorsque surgissent l'amertume, l'épuisement, l'indifférence ou la colère.

CHAPITRE 2
L'AIDANT FACE AUX MAUX

S'INSCRIRE DANS UN NOUVEL ESPACE-TEMPS

S'ouvrir à l'avancée en âge et à ses bouleversements, à la maladie ou au handicap, c'est plonger dans une nouvelle dimension, et voir son propre rapport au temps et au monde bousculé.

Désormais passés derrière une vitre sans tain, relégués dans un univers où gravitent anticipations, préoccupations et ruminations, ceux qui prennent soin d'un proche vulnérable apprennent alors dans l'inconfort ou la douleur à composer avec un temps qui ne leur appartient que peu, voire plus.

Il faut dorénavant se caler sur un rythme bien différent ; les semaines sont saturées de rendez-vous médicaux, de bilans et de gestion de l'administratif ; le présent est colonisé par l'angoisse de l'avenir, les projections anxieuses sans fin et la peur des lendemains. Les contraintes temporelles sont multiples.

Enkystée dans un temps qui passe tout en donnant la sensation d'être sur « pause », Éloïse est ainsi captive de ce huis clos où elle se sent progressivement assignée à résidence à mesure que la dépendance de sa mère croît et qu'il devient difficilement possible de s'extraire du foyer, ou d'envisager quelques jours de congés, sans que cela ne déstabilise cette dernière. Sa temporalité s'étiole peu à peu pour s'ajuster au tempo maternel, l'entraînant dangereusement dans un espace-temps où elle ne maîtrise plus rien. C'est en touchant du doigt cet écueil qu'Éloïse reprend d'ailleurs pied dans le temps, et s'arroge le droit d'impulser un rythme différent, marqueur d'un tournant décisif dans sa posture d'accompagnante ; elle crée alors de la profondeur dans chaque instant passé avec sa mère autant qu'elle s'offre des espaces de récupération ; choisir de travailler auprès d'enfants n'est pas neutre, tant leur capacité à vivre dans le moment présent réancre instantanément l'adulte englué dans le passé ou excessivement projeté dans le futur.

Lorsque la situation se dégrade inexorablement, Éloïse voit poindre l'horizon funeste de la mort comme nombre d'aidants. Suspendue au souffle maternel, aux petites victoires de sa mère, mais aussi constatant ses pertes et ses régressions, elle se voit projetée vers la mort qui écrase et comprime le temps présent. Il devient parfois vital pour les aidants de se raccrocher au temps passé, d'égrainer les souvenirs comme les pétales de fleurs, afin d'éviter de basculer dans ce vide spatio-temporel, d'autant qu'il s'agit quelquefois de la seule ressource pour garder le contact avec la personne aidée, dont la mémoire à court terme défaillante contrarie la perspective de créer de nouveaux souvenirs. Éloïse et sa mère cultivent ainsi leurs souvenirs communs, les anecdotes, des périodes de vie auxquelles s'associent des musiques ou des films. Le psychanalyste Michel de M'Uzan a fort bien décrit ce qui se joue psychiquement dans ce qu'il nomme « le travail du trépas » du patient en fin de vie. Il nous apprend ainsi que la personne malade est dans une demande puissante de lien, qui crée les conditions d'une bulle psychique dont il peut être difficile de s'extraire ; cet espace hors temps peut générer chez l'aidant des impressions de déréalisation (« ce n'est pas réel »), de dépersonnalisation (« je ne suis plus moi »), voire de dissociation (« entre la métaphysique et la matière ») lorsqu'il ne lui est plus possible d'ancrer les événements dans une chronologie en ayant la conscience d'être soi. Toute la complexité réside ainsi pour Éloïse dans sa capacité de s'accorder à la temporalité de sa mère pour faire place à son monde intérieur, tout en restant présente à elle-même pour ne pas sombrer. C'est pour éviter cette captivité mortifère qu'Éloïse s'emploie à faire entrer l'air frais chez sa mère, autant qu'elle décide de stimuler et de nourrir ses sens, que ce soit par l'art, le sport ou la méditation.

APPRIVOISER LES SYMPTÔMES ET LE MONDE DU SOIN

Être aidant, c'est pénétrer dans la sphère du monde médical, découvrir les réalités parfois bien sombres des institutions de santé, la nébulosité du discours médical ou l'incertitude des pronostics. La rencontre avec la maladie lève alors le voile sur un territoire inconnu, générateur de peurs, d'espoirs et de représentations qui peuvent vite se révéler erronées. C'est ainsi qu'Éloïse découvre la difficulté à organiser un parcours de soin, les problématiques de communication et d'information, les incohérences du discours médical, et des comportements malheureusement parfois loin de ceux que l'on prête aux soignants. Certaines expériences déshumanisantes peuvent mener à de terribles désillusions, renforçant le sentiment de solitude et d'impuissance, et la conviction pour Éloïse que sa présence est indispensable pour garantir la protection maternelle. Il faut alors apprendre à composer avec des règles et des protocoles bien spécifiques en milieu hospitalier, mais aussi des vérités silencieuses ou trop bruyantes. Le stress chronique et les « ascenseurs émotionnels » que cela engendre sont perceptibles au travers des stratégies d'adaptation d'Éloïse, dont la solitude est criante tout au long de ce parcours. Jonglant entre le désir de préserver la dignité et l'égo de sa mère, et l'obligation de prendre acte des réalités médicales sans y être préparée, elle navigue à vue, et n'a d'autre choix que de chercher ses propres réponses à travers des études, des chiffres, pour tenter d'y trouver des savoirs, des perspectives ou de la réassurance. Elle est tout entière absorbée par une situation médicale qu'elle tente d'apprivoiser, d'accompagner et de soulager au mieux ; le défi est de taille, car la maladie inspire souvent l'appréhension, l'angoisse. Pire encore, elle peut susciter de la violence ou de l'aversion.

En effet, certains aidants relatent avec effroi et culpabilité leur propre dégoût face aux symptômes, notamment lorsque ceux-ci détériorent considérablement l'identité et l'autonomie de la personne aidée en touchant à ses fonctions vitales. Douleur et souffrance multidimensionnelle s'ajoutent à l'équation, mettant à rude épreuve la sensibilité des accompagnants.

Les aidants dépensent une énergie considérable pour maintenir à distance toutes ces représentations et stimuli négatifs, et nombre d'entre eux taisent cette souffrance. Dans ces contextes, il me paraît essentiel qu'ils puissent accueillir ces affects négatifs qui sont souvent réprimés et critiqués sévèrement ; c'est par leur verbalisation qu'Éloïse facilite le maintien d'un équilibre précaire mais existant entre sa capacité d'implication et son envie de déserter. Reconnaître ce dont on ne veut pas, ce que l'on ne peut regarder ou accepter des effets de la maladie peut contribuer à soutenir chacun dans sa capacité à faire face, autant qu'à faire émerger certaines limites infranchissables qui impliqueront des ajustements dans le soutien apporté.

Les pathologies ou situations qui occasionnent des troubles confusionnels engendrent elles aussi leur lot de complexités pour les aidants. La confusion, par exemple très fréquente en fin de vie du fait de l'évolution de la pathologie, des troubles liés à l'insuffisance de certains minéraux, de la déshydratation ou d'insuffisances organiques, est un symptôme générateur d'anxiété. Plus encore, c'est la défaillance du lien relationnel qui est redoutée, surtout dans les situations où la mémoire brouille les pistes, ne permettant plus au malade d'identifier ses proches. Mais c'est aussi la confrontation à « l'inquiétant familier » pour reprendre l'expression freudienne, c'est-à-dire à une rencontre qui suscite à la fois du familier, du connu, et qui apporte en même temps le malaise, l'inconfort du non reconnaissable ; cette « inquiétante étrangeté » met en scène nos peurs les plus anciennes et les plus profondes. Éloïse est ainsi ballotée entre son anxiété face à quelques moments de confusion de la part de sa mère, et les retrouvailles rassurantes avec l'identité préservée de celle-ci. Nourrir ce lien mère-fille qui se fragilise ou se perd au gré des pertes cognitives requiert alors qu'Éloïse redouble d'énergie et d'inventivité pour préserver la vitalité et l'ancrage de sa mère (par exemple en veillant à instaurer un planning inflexible pour structurer la journée, ou en mettant à contribution sa mère dans ses activités professionnelles).

Si l'on a coutume de rappeler aux aidants que c'est la maladie qui s'exprime dans ces moments-là et non l'identité du malade, il n'en demeure pas moins que certaines expériences troublantes ou violentes s'impriment dans la mémoire des aidant, parfois de façon traumatique, par exemple lorsque la désinhibition du proche aidé est telle qu'il se montre grossier ou inadapté socialement. Dans ces situations, il est par ailleurs difficile de savoir quelle posture adopter, certains aidants cherchant à ramener le malade dans le réel tandis que d'autres adhèrent à son discours confus ou délirant pour ne pas l'exposer à ses failles. En la matière, Éloïse redouble de vigilance face aux comportements potentiellement dangereux de sa mère (quand elle renverse du produit allume-feu), prenant acte de l'aggravation de son état dont l'inversion du rythme jour-nuit en est l'expression première. Face à la confusion de la personne aidée, il peut être préférable de ne pas dépenser d'énergie en vain pour la ramener dans le réel, car cela peut générer de l'angoisse chez celle-ci.

La souffrance des aidants peut aussi être accrue lorsque plane l'attente d'un message, d'une parole, d'un dialogue qui n'a pas lieu. Quand la situation se dégrade vient le temps d'échanges parfois redoutés autant que nécessaires sur les directives anticipées[1], l'orientation vers un établissement spécialisé, les volontés *post mortem* ; ces discussions ne voient pas toujours le jour en raison de multiples freins, notamment la fatigue ou l'évitement, et les aidants ont à affronter l'absence de dialogue dans leur réflexion autant que le deuil de rencontres parfois ratées.

Que les conséquences soient physiques ou psychiques, les aidants sont donc fortement exposés aux maux de leur proche. Témoins oculaires ou réceptacles de l'intimité du malade, ils doivent alors composer avec de nombreux symptômes des plus clairs aux plus opaques, des plus discrets aux plus visibles, des plus soutenables aux plus insupportables, des plus traitables aux plus réfractaires. C'est au fil de l'eau qu'Éloïse se retrouve face à des symptômes de la maladie puis de la fin de vie qui ne lui sont pas familiers, telles l'ascite ou la confusion, la plongeant dans des interrogations légitimes sur la cause et la manière de les soulager. Trop d'aidants se retrouvent ainsi impuissants faute d'explication et d'anticipation sur les effets prévisibles et en cascade qui peuvent survenir.

Cela est regrettable tant les mots offrent des contours aux maux, tant l'information donne forme à l'informe et facilite ainsi la compréhension de ce qui se joue. À l'opposé de la confusion, la lucidité terminale est un phénomène inconnu des aidants, bien qu'il soit fréquent en fin de vie. La mère d'Éloïse manifeste soudainement une forme d'acuité par ce « je vous vois, je vous regarde tous ». Puisant dans ses dernières réserves, ce coup d'éclat maternel auréole la fin

1. Directives anticipées : document écrit qui précise les volontés de la personne malade quant à la poursuite, la limitation, l'arrêt ou le refus de traitements ou actes médicaux.

de vie d'une part de mystère. On pourrait, dans cet instant suspendu, s'autoriser à penser que cet ultime regard acéré est l'expression de sa considération à l'égard des siens et de la connexion profonde qui la relie en cet instant précis, sans masque ni filtre, à tous ceux qui l'entourent.

S'ADAPTER AUX MOUVEMENTS PSYCHIQUES DE LA PERSONNE AIDÉE

Maladie grave, maladie chronique, handicap, vieillissement sont autant de situations qui confrontent le proche aidé à de puissants mouvements psychiques ; ambivalents, déstructurés ou même violents, ils échappent bien souvent à la compréhension des aidants. Composer avec les conséquences de la situation s'apparente en soi à une épreuve laborieuse. Mais cerner ce qui se joue dans le monde interne du malade relève d'un parcours d'autant plus énigmatique qu'il n'existe pas de compréhension universelle ou généralisable. La mère d'Éloïse elle-même ballotée par ses propres émotions n'est pas plus en mesure que quiconque de traduire en mots ce qui l'agite dans les tréfonds de son inconscient.

QUAND LA PERSONNE AIDÉE RÉGRESSE

Face à la maladie, à la douleur, à la lassitude ou à l'angoisse, la régression du proche aidé constitue un précieux rempart psychique. Cette stratégie défensive involontaire permet à la personne malade de s'économiser en ne faisant pas directement face à sa situation. L'évitement maternel invite Éloïse à fantasmer à deux : l'après, la guérison. Dans cette bulle hors du réel, Éloïse soutient le désir de sa mère autant qu'elle noie ses propres peurs en les berçant d'illusions rassurantes (« c'est maman, elle s'en sortira »). Toutes deux s'accrochent à des rituels immuables, les inscrivant dans un éternel recommencement.

Le syndrome de la cabane[1], héritage du confinement chez la mère d'Éloïse, enjoint cette dernière à rejoindre cette bulle dans laquelle sa mère s'est retranchée à l'abri du monde extérieur, mais où, paradoxalement, un lien constant est entretenu avec le dehors par le biais des médias et de son activité professionnelle.

Cela étant dit, cette régression, fort utile, peut susciter de l'incompréhension, de l'exaspération ou de l'anxiété pour l'aidant. Que faire d'une responsabilité qui pèse désormais davantage sur lui que sur le malade lorsqu'il est question de recevoir des informations médicales en son nom, de participer aux discussions médicales lesquelles s'orienteront vers une limitation ou un arrêt des traitements, de devoir se faire le relais d'une parole qui ne trouve plus la force ou le désir de se déployer d'elle-même ? À l'instar de la balance, Éloïse est-elle appelée à équilibrer ce qui s'amenuise chez sa mère ? Plus l'angoisse maternelle s'intensifie, la rendant inapte à la solitude, et plus Éloïse renforce sa présence ; le point culminant sera son déménagement à proximité du domicile de sa mère.

La régression, phénomène psychique par essence mouvant et variable en fonction des moments, interroge sans cesse l'aidant sur la posture à adopter ; **comment aider sans infantiliser ?** Éloïse doit ainsi faire preuve d'une immense flexibilité pour jongler avec les différentes facettes identitaires de sa mère, et osciller entre statut d'enfant ou de parent, au gré des besoins et des capacités de sa mère.

---

1. Syndrome de la cabane : expression utilisée par certains médias pour désigner la peur sociale ou l'angoisse de sortir de chez soi, en particulier après une période de confinement. La terminologie a notamment été utilisée à la fin du confinement de mai 2020 en France. Ce syndrome remonte même à l'époque des chercheurs d'or qui, après plusieurs mois d'isolement, éprouvaient des difficultés à réintégrer la vie sociale et souffraient d'anxiété.

LA RELATION DE DÉPENDANCE ET L'IDÉALISATION DE L'AIDANT

L'angoisse émergeante favorise aussi l'idéalisation de l'aidant par le proche aidé : fragile ou impuissante, la personne malade recherche son sauveur et entretient le mythe de son indestructibilité. Insubmersible et volontaire, Éloïse fait ainsi l'objet de projections idéalisantes de la part de sa mère, qui lui apportent leur lot de gratifications mais lui interdisent de se montrer fragile. C'est ce qui explique en partie qu'Éloïse développe une telle attitude protectrice à l'égard des phobies (sa claustrophobie notamment) et besoins maternels, reléguant au loin l'usure qui s'accroît chez elle.

L'idéalisation s'accompagne aussi d'une dépendance affective importante rendant caduque la liberté de l'aidant ; élu par le malade, l'aidant devient une figure d'attachement essentielle qui doit toujours rester en ligne de mire. Éloïse se vit ainsi comme phagocytée ou vampirisée par certaines attitudes de sa mère ; non par tyrannie, mais davantage du fait de l'angoisse massive et de la nécessité de se raccrocher à une figure secourable. Elle devient alors semblable à un « doudou » auquel il faut toujours rester collé. L'angoisse de mort et l'intensification des symptômes renforcent le lien de dépendance et la recherche d'une symbiose, telle une mère ou son tout-petit. Et si ces mouvements soutiennent la mère d'Éloïse, colmatant les multiples fractures psychiques qui se multiplient, comment celle-ci peut-elle adopter cette fonction sans s'asphyxier ? Dans sa fonction d'aidante, Éloïse évoque la contamination psychique dont elle se sent victime, et redoute de s'effondrer avec sa mère.

L'angoisse peut aussi contribuer à générer des comportements obsessionnels, une forme de rigidité mentale plus marquée ; le malade témoigne alors d'un désir obsédant de contrôler son environnement et tous ceux qui gravitent autour de lui, exerçant une pression constante sur son entourage. C'est ce que fait la mère d'Éloïse. Ce mouvement est précieux pour elle car il lui offre une sensation de sécurité et de maîtrise préservée sur son monde, mais il impose en même temps à Éloïse de faire preuve d'adaptabilité et d'ajustements constants. Pour autant, celle-ci contribue aussi à cette dynamique dont elle pressent l'importance pour sa mère, en se mettant à sa disposition. Rares sont les aidants, même les plus patients, qui ne se sentent pas atteindre les limites du supportable lorsque chaque geste doit être pensé, chaque rituel respecté ou chaque objet reposé à une place bien précise, dans la perspective d'apaiser la personne aidée ! L'agressivité peut alors vite s'immiscer dans les relations, raison pour laquelle Éloïse et sa mère ont souhaité s'accorder sur un pacte de non-agression.

Demander à un patient de quitter ses troubles obsessionnels, alors qu'ils ont une fonction protectrice, n'est souvent ni accessible à la raison, ni adapté à cause du risque de flambée de l'angoisse. Au-delà de l'accordage[1] de l'environnement affectif et social à ce besoin de contrôle, un accompagnement psychologique et éventuellement médicamenteux peut s'avérer nécessaire chez la personne aidée pour faciliter la baisse de son hypervigilance, et par ricochet encourager le lâcher-prise physique autant que psychique. Les aidants ont parfois eux aussi besoin de passer par ces aides, car elles facilitent leur capacité à moins surréagir aux demandes excessives de la personne aidée, et à poser plus fermement leurs limites. Éloïse nous dépeint quant à elle toute son ambivalence face au traitement qui peut apaiser son anxiété et faciliter son sommeil, mais qui génère une sensation de détachement ou de ralentissement psychique qui lui est personnellement insupportable et incompatible avec la place qu'elle s'est donnée auprès de sa mère.

1. Accordage : fait de s'ajuster à l'autre, tout en restant à sa place, et de répondre de manière adaptée à ses besoins de façon à lui procurer un sentiment de sécurité et de satisfaction.

CHAPITRE 3

L'AIDANT FACE À SES MAUX

Agitée par de multiples ressentis des plus inconfortables aux plus insupportables, Éloïse s'impose le plus souvent retenue et silence face à ces différents maux, soucieuse de protéger sa mère et de ne pas l'exposer à la charge que sa situation génère tant sur le plan pratique que psychique. Pourtant **ces souffrances sont énergivores et la limitent dans sa capacité à rester une ressource**. Si on les refoule ou si on les évite, on prend le risque qu'elles se manifestent d'autres manières : certains noient leur impuissance dans l'alcool, anesthésient leur souffrance avec du cannabis ou somatisent leur mal-être. Conserver un espace à soi pour accueillir ses maux est complexe et parfois mal perçu, mais ouvre en réalité la voie de l'équilibre pour tenir dans la durée.

ÊTRE CONFRONTÉ À LA SOLITUDE

Tout entière tournée vers sa mère, Éloïse est habitée par un immense sentiment de responsabilité. Il s'accompagne d'un état d'hypervigilance et d'une préoccupation constante, la conduisant à rétrécir ses interactions sociales. Envahie par la situation et tenaillée par un profond sentiment de loyauté, elle parle du fossé qui la sépare désormais de certains amis. Plus encore, la réduction de ses activités professionnelles, outre l'accroissement de l'angoisse financière qu'elle génère, renforce davantage encore le couple mère-fille dans un lien indissoluble. Les aidants vivent fréquemment cet isolement, parfois confrontés à des proches ou à des collègues eux-mêmes impuissants, évanescents ou maladroits devant une situation qui les dépasse. 23 % des aidants s'occupent seuls de la personne aidée (baromètre Aidant.es 2024 du collectif Je t'Aide) et selon ce même questionnaire 40 % n'évoquent jamais leur situation à leur entourage ; par pudeur sans aucun doute, mais aussi, comme en témoigne Éloïse, par souci de ne pas lever le voile sur l'intimité de leur parent et de préserver leur dignité.

Isolés, les aidants voient leur équilibre en péril, et s'amputent ainsi d'une ressource précieuse pour limiter les risques de dépression et d'anxiété. Se sentir être l'assurance-vie d'un proche et incarner une telle garantie figent tout mouvement vers l'extérieur.

La solitude peut s'inviter dans la relation aidant-aidé pour de multiples raisons. Épuisée, la personne aidée n'a parfois plus les ressources pour tenir le fil d'une discussion. Des troubles cognitifs réduisent ou anéantissent sa capacité à rester en relation avec l'extérieur, ou à ressentir de l'empathie pour l'aidant. Certains ont, par nature ou par culture, peu développé d'intérêts ni pour eux-mêmes, ni pour autrui. Si la maman d'Éloïse reste très focalisée sur la vie, habitée par un puissant mouvement de connaissances à partager avec sa fille, il n'en est pas toujours ainsi. Et dans leur isolement, nombre d'aidants déplorent de n'avoir aucune relation de qualité, ni dans leur mission d'aide ni dans d'autres sphères amicales ou relationnelles.

COMPOSER AVEC SES PEURS

Éloïse exprime au fil du récit toutes ses peurs (de laisser sa mère seule, de ne pas répondre suffisamment à ses besoins), qui surgissent sans prévenir, la taraudent, se succèdent ou s'entrechoquent.

Chaque aidant est ainsi renvoyé à l'aventure de sa propre mort lorsqu'il accompagne un proche vulnérable, et cette prise de conscience est d'autant plus éprouvante qu'elle s'immisce souvent dans un territoire psychique jusqu'ici préservé. La mère d'Éloïse évite soigneusement d'aborder ce sujet, atteinte d'une cécité face à la mort pour reprendre la perspective d'Edgar Morin[1], tandis qu'Éloïse est poussée à s'interroger sur son propre devenir. L'appréhension de voir disparaître l'un de ses parents fragilise son rempart symbolique contre la mort, et l'amène à appréhender la perspective d'être privée elle-même un jour de ce soutien, considérant le rôle essentiel qu'elle occupe pour sa mère et l'absence de descendance sur laquelle s'appuyer.

Face à son épuisement croissant, Éloïse est aussi largement préoccupée par l'avenir : « Combien de temps cela va-t-il durer ? » se demande-t-elle, inquiète de ne pas disposer des ressources suffisantes et d'être témoin de l'aggravation de l'état maternel. À chacune de ses interrogations, l'aidant doit pouvoir recevoir des bribes d'éclairage lui permettant de construire une réponse structurante qui l'épaule, plutôt que d'être renvoyé à son ignorance. Il doit toujours être possible de discuter avec les soignants de ce qui pourra être entrepris en cas d'aggravation, et même si la mort est inévitable.

1. MORIN E., *L'Homme et la Mort*, Éditions Points, 1976.

Si l'anticipation n'évite guère les dangers, elle offre à l'aidant un coup d'avance : elle lui permet de se familiariser avec des événements indésirables et d'y visualiser sa propre posture future.

Certains comportements d'hyperactivité, quasi maniaques, sont corrélés à ces peurs envahissantes ; Éloïse est alors en proie à une lutte contre l'effondrement. À sa manière elle tente de neutraliser la mort en évitant l'inertie. Mais son hyperactivité n'épargne pas le retour d'anciennes blessures ou des réminiscences d'angoisse d'abandon. Ces manifestations disent la peur de voir se déliter sous ses yeux ce lien si précieux avec sa mère et les efforts déployés pour le maintenir.

DÉPASSER SA COLÈRE ET FAIRE FACE AUX INJUSTICES

L'angoisse suscitée par la maladie, l'impuissance face à une évolution inéluctable, l'injustice et les frustrations multiples peuvent générer une profonde colère. Souvent inévitable, elle traduit la détresse multifactorielle des aidants et s'exprime par l'agressivité et les ruminations intempestives ; refaire l'histoire des symptômes, reconsidérer les alertes parfois lancées mais jamais entendues sont alors monnaie courante. Il y a dans ces ressassements la quête d'un sens, d'une compréhension à l'évitement ou au déni parfois massif. La colère d'Éloïse devant la découverte de l'ascite nous dit ainsi le refus de céder à l'effondrement, comme une tentative désespérée de mobiliser son élan vital, quitte à chercher un responsable ou à s'en attribuer la faute. La colère naît aussi de sa frustration face à l'imprévu et à l'impuissance devant la phobie maternelle – la claustrophobie sévère –, et les limitations d'investigation qu'elle impose. Jusqu'à quel point, pourtant, la lucidité d'Éloïse, son inquiétude ou son souci de bienveillance pourraient-ils être des arguments suffisants pour encourager sa mère à être diagnostiquée par une batterie d'examens ou à consentir à un traitement ? Inévitable donc, la colère nomme l'indicible ; la peur, la frustration, l'impuissance, le refus, l'incompréhension. Phase incontournable du deuil, elle dit la butée de l'aidant sur la question du contrôle, de la maîtrise, l'échec de protection à l'égard d'un plus fragile que soi, la désillusion vis-à-vis d'un proche qui n'aurait pas, subjectivement, fourni assez d'effort ou qui aurait contribué à son malheur ; or, nous ne sommes pas tous égaux devant les blessures de l'existence, les traumatismes subis et les ressources disponibles pour tenir le fil de l'équilibre ; alcool, tabac, compulsions alimentaires, toxicomanie s'imposent souvent comme des stratégies de survie, des béquilles émotionnelles difficiles à supprimer.

C'est donc un véritable deuil qui commence pour Éloïse comme pour nombre d'aidants ; renoncer à une autre trajectoire pour sa mère, puis emprunter la juste voie de l'accompagnement pas à pas. Cette maturation forcée engendre aussi des moments de ressentiment et d'injustice, Éloïse prenant acte du fossé la séparant de ses amis et de ses sœurs. Se sentir ainsi vampirisée, sous emprise de la maladie maternelle et de son appétence relationnelle, provoque des frustrations et des tensions ; à celles-ci s'ajoutent les injustices que l'enfance de sa mère charrie en filigrane : le vol du violon, la blessure de trahison paternelle et le déracinement, qui exposent davantage encore la fille à la souffrance de cette figure aimée et idéalisée, sans pouvoir se sentir jamais suffisante. C'est cet enchevêtrement émotionnel de peine, de colère, d'injustice, de culpabilité (de ne pas se sentir à la hauteur, de se sentir à bout...) qui rend la charge émotionnelle d'un aidant très lourde.

COHABITER AVEC L'AMBIVALENCE ET LA CULPABILITÉ

Mille et une raisons d'éprouver de la culpabilité se dessinent sur le chemin de la relation d'aide. Du manque de temps accordé, au placement en EHPAD, en passant par l'impuissance devant des symptômes réfractaires, il existe de multiples occasions de se considérer comme n'étant pas à la hauteur. Cette douloureuse introspection confronte l'aidant à ses manques, à ses limites, mais aussi à ses choix, à ses besoins qu'il a fallu prioriser et en parallèle à ce qu'il a fallu sacrifier, ou arracher au prix d'une négociation douloureuse. Au creux de la culpabilité des aidants s'inscrivent tour à tour l'aspiration à faire le bien et à être là pour autrui, et la réalité qui malmène cet idéal.

Souvent décrite comme encombrante et à supprimer, nous en oublions parfois que la culpabilité est aussi à l'origine de mouvements essentiels à notre vie en société : la réparation et la créativité. Elle est la marque de notre empathie et de l'importance que nous accordons aux relations interpersonnelles, et nous invite à restaurer le lien abîmé ou contrarié. Elle est une boussole qui nous apprend beaucoup sur la transgression de nos valeurs ou de nos principes moraux, et sur la manière de procéder pour rétablir l'équilibre perdu. De Mélanie Klein à Jacques Lacan, en passant par Donald W. Winnicott, nombre d'auteurs ont mis en lumière le caractère universel et archaïque de la culpabilité, émotion structurante à bien des égards.

SE SENTIR COUPABLE DE NE PAS EN FAIRE ASSEZ

La culpabilité, lorsqu'elle est excessive, peut conduire à des comportements déraisonnables, voire sacrificiels. Si l'absence de culpabilité est la caractéristique même de la psychopathie et de la perversion, son excès parfois jusqu'à la dépression n'alimente plus la motivation à bien faire. Au contraire, il entraîne une fragilisation du narcissisme de l'aidant, si impliqué qu'il ne voit plus ce qu'il accomplit de bien et s'accuse de ne pas être tout-puissant. Cette distorsion du réel peut conduire à une grave dépréciation personnelle, et nécessite un soutien psychologique pour consentir à une vision plus réaliste de soi.

La culpabilité de ne pas en faire assez contient en elle le germe paradoxal d'une domination involontaire sur la personne malade ou d'un maternage démesuré qui ne tient pas toujours compte des attentes de la personne aidée. La surprotection dont Éloïse fait parfois preuve à l'égard de sa mère en témoigne, oblige celle-ci à s'extraire de l'infantilisation, en lui rappelant alors son âge pour assainir le lien. Les protections sont réciproques dans une situation de maladie : mère et fille se protègent l'une l'autre et basculent parfois dans les mêmes excès.

On pourrait également se demander comment s'est façonnée chez chaque aidant la représentation de la bienfaisance à l'égard d'autrui ; quand et auprès de qui avons-nous appris qu'il fallait toujours en faire plus ? Que s'écouter était une ineptie ? Quelles fausses croyances se logent au creux de la culpabilité ?

SE SENTIR COUPABLE DE FORMULER DES VŒUX HOSTILES, DES VŒUX DE MORT

L'usure ou l'impuissance peuvent être à l'origine de mouvements psychiques ou d'idées fugaces hostiles, telle Éloïse qui reconnaît avoir parfois espéré secrètement le retour à sa propre vie. L'envie que tout cela se finisse, pourtant fréquente et légitime, est très souvent réprimée ou tue, par la honte qu'elle engendre.

Ces vœux peuvent aussi s'inscrire dans le cadre d'une relation marquée par la toxicité ou la violence, mais ils sont alors en général davantage avouables car jugés par l'aidant comme légitimes. En revanche, lorsque les liens d'affection sont au rendez-vous, l'aidant se trouve parfois démuni devant un tel désir qui dit avant tout son épuisement et l'espoir que les symptômes cessent. **En tant que**

proche aidant, vous autoriser à nommer et à partager ces vœux, lorsqu'ils émergent, avec des proches réceptifs ou des professionnels est fondamental ; partagés, ils cessent d'être honteux puisqu'ils seront accueillis avec empathie et sans jugement ; énoncés, ils risquent d'autant moins de s'exprimer à travers des actes négligents, agressifs ou maltraitants, conscients ou non, sur la personne que vous accompagnez.

SE SENTIR COUPABLE D'ÊTRE EN BONNE SANTÉ

Le dévouement, l'investissement excessif jusqu'à une attitude d'abnégation, quasi sacrificielle parfois, peuvent exprimer la culpabilité de l'aidant de n'être pas malade. Cette forme de culpabilité peut aussi s'éprouver lorsqu'Éloïse évoque l'insupportable sensation d'être le miroir brisé de sa mère (en l'aidant, elle lui renvoie ses faiblesses) ; l'exposant involontairement à ses failles, à ses manques ou à sa perte d'autorité, elle redoute de la précipiter dans une prise de conscience douloureuse. En veillant à donner une belle image d'elle-même (quand Éloïse veille à se faire jolie, qu'elle continue de prendre soin d'elle-même pour sa mère), consciente de l'importance que sa mère accorde à sa propre apparence, Éloïse tente d'être ce miroir plus favorable et gratifiant ; prolongement l'une de l'autre, leurs narcissismes semblent ainsi s'enchevêtrer et s'alimenter réciproquement. Travailler à une vision plus réaliste de soi est un garde-fou au désir de toute puissance duquel découle la culpabilité. Chaque pathologie ou situation induit un cadre particulier.

> **Voici une liste de questions à se poser :**
>
> – Qu'est-ce qui ne dépend pas de moi ?
>
> – A contrario, qu'est-ce qui peut faire l'objet d'ajustement(s) ? Qu'est-ce qui ne peut pas évoluer ?

> – Quels besoins personnels sont actuellement frustrés, gangrénant peu à peu ma santé mentale et mon équilibre émotionnel ?
>
> – Quelle est la marge de manœuvre dont je dispose face au réel et non pas au regard de ce que je désirerais ?
>
> Qu'il s'agisse d'une pratique sportive, comme pour Éloïse, du besoin de s'évader quelques jours ou de solliciter le recours à une aide-ménagère, en assumant ce qui est nécessaire ou bon pour moi, j'emprunte alors le chemin de la responsabilité, et non plus de la culpabilité.

Tandis que la culpabilité enkyste l'aidant dans un ressassement stérile, la responsabilité l'amène à se tourner vers le présent et le futur de manière proactive. Il connaît les décisions qui doivent être prises, en mesure les conséquences, et est prêt à en répondre.

S'IDENTIFIER À LA PERSONNE AIDÉE, S'APPROPRIER SES MAUX : UN ÉCUEIL À ÉVITER

Tout aidant confronté à la maladie d'un proche va apprendre au fil du temps à se familiariser avec les symptômes de celle-ci ; il va aussi développer peu à peu son acuité, sa capacité à discerner les prémisses d'une douleur, d'un inconfort. Cette hypervigilance, nécessaire pour s'ajuster le plus possible aux besoins de la personne aidée et appréhender les situations complexes ou dangereuses, contient en elle-même le risque d'un phénomène particulier : l'identification au malade.

L'identification au malade conduit alors l'aidant à s'approprier les symptômes de la personne aidée, à les intégrer comme étant les siens. Le narratif se construit ainsi dans la fusion et la confusion des espaces ; le « nous » remplace le sujet (« chez nous » dit Éloïse en parlant de l'appartement de sa mère), l'aidant parle à la place de la personne aidée lorsque le médecin demande au patient de décrire ses symptômes, etc. Ces signaux, loin d'être anodins, nous en disent beaucoup sur l'imprégnation de l'aidant, et la nécessité de l'aider à reconstruire des espaces de séparation avec le vécu du proche aidé. La porosité des frontières et le corps à corps mettent en péril l'identité propre de l'aidant ; Éloïse se surprend ainsi à éprouver la sensation de son ventre gonflé, tel celui de sa mère.

Cette identification risque d'être d'autant plus forte qu'il n'existe pas de mot pour donner du sens à ce qui est vécu. Éloïse, paralysée par l'évitement maternel et un soutien médical limité, n'a d'autre issue que de s'imprégner davantage de ce que vit sa mère, pour tenter d'en comprendre la signification et d'y apporter une réponse satisfaisante, comme une mère découvrant son nourrisson à la naissance s'évertue à mobiliser toute sa capacité maternelle primaire pour s'ajuster le mieux possible aux besoins de l'enfant. La toux qui affecte Éloïse est à ce titre révélatrice. Comme un cordon ombilical la reliant à la fragilité de sa mère, elle l'amène à s'identifier au ressenti de celle-ci, en s'interrogeant sur ce qui peut être vécu lorsque l'on décide de ne pas se soigner.

L'acmé – ou point culminant – de cette identification peut paradoxalement conduire l'aidant à se sentir particulièrement fragile et menacé parce qu'il partage à l'extrême les souffrances ou les douleurs du malade. Lorsqu'Éloïse s'interroge sur le risque de disparaître avec sa mère, on peut y lire la traduction d'une angoisse d'anéantissement qui signe bien son imprégnation totale. Ce phénomène n'est pas pour autant systématique ; certains aidants moins enkystés dans la relation de soutien ont en effet plutôt tendance à s'interroger sur leur capacité à survivre après la mort de la personne aidée, preuve que l'individuation est davantage marquée.

ENTRER DANS UN LONG ET COMPLEXE TRAVAIL DE DEUIL

C'est en accompagnant sa mère dans le quotidien qu'Éloïse entame en réalité peu à peu le chemin du deuil. Si la mort imprime un caractère particulier au deuil, les pertes et renoncements qui se succèdent tout au long du parcours de soin font déjà de l'aidant un endeuillé. Processus maturatif par excellence, Éloïse y est contrainte face aux rebonds sans fin ; d'une bonne nouvelle concernant les bilans, il lui faut passer à une mauvaise et renoncer à la bonne santé maternelle. Se nourrissant de l'image d'une mère résiliente et combative, elle doit pourtant consentir à accompagner ses fragilités croissantes. Confiante dans la médecine, elle est amenée à vivre le deuil d'un traitement curatif et d'une batterie d'examens inappropriés pour sa mère. Déterminée à l'épauler, il lui faut pourtant lâcher la mission de sauveteuse et de panseuse qu'elle s'est donnée. Ces deuils, qui s'entrelacent, tissent peu à peu la toile de sa lucidité face à l'avenir, l'engageant à davantage de présence comme pour pallier la béance de son impuissance.

Leur attachement profond n'est d'ailleurs pas un frein au détachement, il en est le catalyseur ; lorsqu'Éloïse et sa mère se retrouvent enlacées au sol, s'abandonnant à leurs fragilités respectives dans l'intimité d'un moment unique, c'est précisément le partage de la force de leurs liens qui les conduit à la dernière étape vers la séparation ultime.

COMMUNIQUER AVEC LA PERSONNE AIDÉE

Éloïse vit seule ses angoisses, et pour cause : elle a été « élue » par sa mère, et la fusion dans laquelle la situation de dépendance mutuelle la place fait d'elle le réceptacle des attentes maternelles et la contraint à taire la maladie. Privée d'un dialogue, elle déambule sur une ligne de crête où l'omerta s'impose, « sous peine de haute trahison ».

Les aidants sont immanquablement confrontés aux difficultés de communication ; qu'elles soient relatives à des vérités trop chargées affectivement, qu'elles concernent la relation elle-même, les non-dits familiaux ou la question de l'intime puisque la maladie touche au corps, toutes témoignent de la complexité des échanges.

Par ailleurs, le préalable à cette communication aidant-aidé repose sur la fluidité de la communication verticale, c'est-à-dire avec l'équipe médicale. La révélation du diagnostic de la mère d'Éloïse relève de l'absurde ; en quelques heures, les informations discordantes se succèdent, créant un véritable ascenseur émotionnel, faisant basculer les proches du soulagement à l'abattement. Cet élément inaugural de l'entrée actée dans la maladie creuse le sillon d'une mésalliance possible avec le monde médical.

Éloïse nous dépeint aussi le tableau désaxé d'une maladie sans malade ; si sa mère a un cancer, elle en a néanmoins réfuté sa présence, imposant la loi du silence. **Cette résistance passive, dont il est parfois bien difficile de discerner la part d'inconscience ou de lucidité, fige alors une partie de la dynamique relationnelle.** En réalité, la mère d'Éloïse ne nie pas la maladie dans la mesure où elle accepte le traitement proposé, mais évite soigneusement de regarder dans l'angle mort, de voir qu'elle a une maladie grave, pour ne pas perdre l'équilibre.

Les mécanismes de défense inconscients parasitent le dialogue dans la mesure où ils ont pour fonction première de calmer l'angoisse. Qu'il s'agisse de minimisation (« un petit cancer »), de banalisation (« ça arrive à d'autres ») ou de mise à distance des émotions, la personne aidée se barricade comme elle le peut, soucieuse d'échapper à sa propre détresse. Mais ce faisant, c'est la relation qui s'en trouve altérée et oblige les proches à refréner leur propre discours, ou à mettre par obligation les sujets sensibles sous le tapis. Éloïse est ainsi face à un mur infranchissable, poussée à des manœuvres détournées, mobilisée par une compulsion de savoir pour pallier le silence imposé. Telle la curiosité qui pousse l'enfant à regarder à travers le trou de la serrure, Éloïse transgresse autant qu'elle se sent captive de l'interdit implicite maternel. En osant nommer le cancer, elle opère un acte salvateur, se déliant de l'allégeance au tabou maternel.

LA PROBLÉMATIQUE DE LA VÉRITÉ

La problématique de la vérité est en ce sens l'une des plus douloureuses qui soit ; question éthique par excellence, elle interroge ce qui doit être nommé ou évincé au nom du confort de la personne aidée. Il existe à ce sujet pléthore de trajectoires à emprunter, puisqu'il s'agit avant tout de s'adapter à la personne aidée, à ses besoins et à ses capacités. Dans le code de la santé publique, il est rappelé que toute personne dispose d'un droit à l'ignorance en matière de diagnostic ou de pronostic (article L1111-2) qui doit être respecté sauf lorsque des tiers sont exposés à un risque de transmission. L'aidant doit alors accompagner le proche dans le respect de sa méconnaissance, ou de ses mécanismes de défense. Le déni est un terme galvaudé en ce sens que ce mécanisme de défense trouve finalement peu sa place pour décrire le fonctionnement psychique du malade. Il est préférable de le nommer « évitement », dans la mesure où bien souvent la personne sait, sent, ressent ou présuppose ce qui lui arrive, même si elle n'en témoigne rien. Qu'il s'agisse de déni ou d'évitement, l'aidant n'a d'autre option que de composer avec la stratégie de la personne soignée. Lui demander de renoncer à ses défenses est dangereux, car cela lève le bouclier psychique qui la met à l'abri de l'angoisse ou de l'effondrement. Cheminer à ses côtés, c'est, comme Éloïse, adapter son rythme à celui de la personne aidée, qui n'est ni compressible ni ajustable. Lorsque des informations médicales font défaut, l'aidant agit en fonction des événements, tels qu'ils se présentent, seulement guidé par la vérité, tronquée et subjective du malade.

Les protections mutuelles affectent aussi les échanges, car l'aidant cherche à se préserver lui-même autant qu'à ne pas blesser l'interlocuteur. On observe alors chez la personne malade des messages paradoxaux et nébuleux (tels « Tout cela sera bientôt fini ! »), laissant l'aidant douter de ce qu'elle sait ou ne sait pas concernant sa situation.

Dans quelques cas, l'aidant est informé du diagnostic ou du pronostic avant la personne concernée. Outre le fait que cette situation est contraire à la loi de 2002[1], elle place alors l'aidant en détenteur d'un secret dont le poids peut être plus ou moins lourd à porter. Cela peut aussi générer des troubles de la communication dans les familles lorsque certains sont tenus au secret tandis que d'autres en sont exclus. Ces informations, inéquitablement transmises, peuvent aussi renforcer les incompréhensions et les tensions. Enfin, cette connaissance à l'insu de la personne aidée contribue aussi à projeter l'aidant dans un savoir anticipé peu compatible avec l'ancrage dans l'ici et maintenant. Tandis que la brèche de l'incertitude laisse passer un rayon d'espérance, laissant au malade la liberté de se rêver autrement, l'aidant se voit quant à lui dépossédé de cette fenêtre puisque le discours médical peut s'ouvrir sur l'absence de traitements, l'incurabilité ou le risque de décès, et l'impossibilité de partager cette information avec le principal intéressé.

Dans la mesure où il peut être très difficile de gérer seul ces problématiques de communication, nous ne devrions jamais hésiter à solliciter l'équipe médico-soignante qui prend en charge le proche aidé, ou à faire appel à des professionnels familiers de cette thématique pour être épaulé dans la recherche de solutions et pour trouver la manière la plus adaptée d'interagir.

1. Loi de 2002 : il y est spécifié dans l'article L1110-4 que c'est le patient qui peut s'opposer à ce que des informations le concernant soient divulguées à son entourage, sous-entendant là qu'il devrait être le premier informé lorsque ses capacités le permettent.

CHAPITRE 4

LES IMPACTS FAMILIAUX

L'arrivée de la maladie, du handicap ou de la dépendance dans un système familial s'apparente à une véritable crise, qui perturbe tout à la fois les relations horizontales (avec la fratrie) et verticales (avec les descendants et ascendants). Loin de constituer nécessairement des périodes de solidarité et d'harmonie, ces événements viennent au contraire attaquer les liens familiaux ; des conflits ou des tensions s'activent, convoquant sur la scène familiale des blessures d'enfance, des traumatismes, des rancœurs non dépassées, de l'amertume.

Maladie et mort s'infiltrent aussi dans la dynamique familiale, car toutes deux perturbent l'avenir et la cohésion du groupe ; la menace n'est pas seulement celle qui pèse sur le patient, elle devient également celle d'une communauté dont les repères sont modifiés, où l'équilibre est bouleversé, les places parfois inversées. L'angoisse de mort, réelle ou symbolique, s'infiltre alors à tous les étages. La radicalité de cette crise trouve aussi son origine dans l'urgence à dire ; chacun entrevoit l'occasion de se faire entendre avant qu'il ne soit trop tard. Cela explique d'ailleurs que certains secrets de famille soient révélés à ce moment-là, sans filtre et sans ménagement, occasionnant des crises ou des fractures profondes.

La sensibilité épidermique de ces périodes, si elle crée un effet de loupe sur les problématiques préexistantes en les exacerbant, peut aussi impacter des familles a priori sans précédent conflictuel. Il faut en effet bien comprendre que **la violence de la situation d'aidance, qu'elle émerge brutalement ou progressivement, n'épargne presque aucun système familial.**

Ainsi, de nombreux conflits familiaux jalonnent souvent le parcours des aidants, qu'ils concernent des sujets importants ou des détails insignifiants ; multiples et variés, ils sont en général symptomatiques de tout ce qui représente un coût, un engagement : l'hébergement, les frais, les périodes de garde ou de surveillance, etc. Ce coût est à la fois financier mais aussi psychique et logistique. Nombre d'aidants se sentent ainsi asphyxiés par une prise en soin qui n'en finit pas, ne trouvant pas toujours le relais et l'investissement escomptés. On ouvre alors le grand livre des comptes, et chacun est sommé de régler son dû et de solder ses dettes.

Ces crises familiales, loin d'être une fatalité, sont aussi une occasion de déposer les rancœurs passées, d'éclairer les incompréhensions et de cautériser les plaies. Elles portent en elles un potentiel de changement que cette situation d'exception peut révéler.

LES CONSÉQUENCES SUR LA FRATRIE

LES RELATIONS ENTRE FRÈRES ET SŒURS

Si nous nous penchons quelques instants sur les relations entre frères et sœurs, il est frappant de constater l'impact de l'aidance sur leur dynamique. Ces liens si particuliers se tissent dans le maillage de la relation aux parents. Lorsque les parents nouent des relations saines entre eux, ils encouragent leurs enfants par mimétisme à faire de même dans leurs relations interpersonnelles. Plus encore, les relations frères-sœurs sont aussi l'écho de la relation que chaque parent a tricotée avec chacun, et de la manière dont ils ont encouragé des liens d'affection et d'attachement mutuels ; en valorisant chaque enfant pour sa singularité, les parents ont ainsi mis un coup de projecteur sur les bénéfices et les intérêts qu'il pourrait trouver à fréquenter ses frères et sœurs. Cet enchevêtrement de liens explique la variété des systèmes familiaux ; si certaines fratries sont déjà liées par la complicité, la tendresse et la reconnaissance mutuelle, d'autres ont en revanche baigné dans la rivalité, la compétition et les frictions à répétition. Et si l'on imagine parfois que la relation d'aide puisse être moins éreintante lorsque l'on a des frères et des sœurs, l'on peut vite déchanter quand le soutien sur lequel on peut s'appuyer est peu qualitatif, et se rendre compte qu'il est possible de se sentir paradoxalement bien seul.

Lorsque l'un des membres de la famille tombe malade, c'est donc tout naturellement que chacun va rejouer son rôle ; en effet nous sommes tous attendus au sein de nos familles dans certaines attitudes. Notre place dans la fratrie y a contribué, de même que l'investissement fantasmatique de nos parents à notre égard – parfois même bien avant notre conception –, ou encore les ricochets du transgénérationnel ! Ces rôles déjà existants risquent ainsi d'enfermer chaque enfant dans des stéréotypes et dans des attentes projetées, déterminant alors ce qui relève du normal ou non en matière d'implication ; le frère, à qui on concède d'être absent car absorbé par un métier prenant et valorisé depuis longtemps par les ascendants ; le fils, qu'on juge aidant principal car il vit toujours sous le même toit que le parent vieillissant ; la sœur sans conjoint ni enfant, à qui l'on prête plus naturellement le temps d'aider, telle Éloïse. Plus encore il est parfois tacitement acté que certains aidants de la fratrie doivent prendre à leur charge une partie des choix de vie de leurs frères et sœurs, et s'adapter aux contraintes propres de ces derniers. Des aidants sont ainsi désignés d'office, voire sacrifiés, sans vote ni consentement explicite. Lorsqu'Éloïse mentionne la croyance limitante qu'« il est bien trop tard pour contacter [ses] sœurs », on peut y entendre au sens figuré qu'elle valide inconsciemment le contrat selon lequel elle accepte d'être dérangée, plus que les autres.

Par ailleurs, des rivalités peuvent éclater d'autant plus lorsque chaque proche aidant aura eu dans le passé le sentiment de ne pas occuper une place valorisante aux côtés de la personne aidée. S'il faut alors (re)conquérir une place de meilleur enfant, il n'y a pas d'autre issue que d'y sacrifier la fraternité ou la sororité. L'enfant élu par le malade peut aussi faire l'objet de mouvements d'agressivité, les autres membres y voyant là l'expression d'une préférence affective intolérable ou injustifiée. Ce statut d'enfant élu suit bien souvent celui d'enfant préféré. Fruit des projections issues de l'héritage familial, de sa place dans la fratrie, du contexte spécifique de la grossesse, ou encore de l'identification parentale à celui-ci, l'enfant préféré doit répondre à des attentes invisibles. La crainte de décevoir ou de blesser pousse Éloïse à occuper une place de choix auprès de sa mère, nourrissant ce que S. Freud nomme le « narcissisme conquérant » ; en renforçant narcissiquement celle-ci, elle reçoit elle-même en retour reconnaissance et estime. Ce pacte implicite génère bien souvent des conflits entre frères et sœurs. Si ceux-ci sont parfois étouffés pendant la période d'accompagnement, ils explosent généralement au moment crucial du partage de l'héritage.

La désignation d'une « personne de confiance » fait aussi souvent le lit de ces jalousies, le terme étant en lui-même glissant puisqu'il est parfois à tort interprété comme l'expression d'un penchant affectif. Or, l'aidant désigné pour remplir cette mission n'est en théorie pas le plus aimé, mais davantage celui qui saura faire valoir la parole de la personne aidée dans la mesure où elle n'aurait plus la capacité de parler en son nom. Il y est donc davantage question de connaissance des directives du malade et de solidité psychique de la personne désignée. Enfin, dans les familles où les enfants n'ont que peu d'attachement au parent vulnérable, il y a fort à craindre que chacun cherche à « se refiler la patate chaude » et à se défausser d'un quelconque devoir filial.

La grille de lecture de Taibi Kahler, psychologue clinicien formé en analyse transactionnelle, sur les messages contraignants apporte un éclairage précieux pour accompagner l'aidant dans l'exploration de sa posture : chaque enfant se développe en intégrant peu à peu des messages qui modèleront ses comportements. Bien que l'on puisse se reconnaître dans plusieurs d'entre eux, Taibi Kahler suggère qu'un ou deux de ces messages contraignants influencent particulièrement notre fonctionnement. Ils sont au nombre de 5 : « sois parfait », « fais plaisir », « sois fort », « fais des efforts » et « dépêche-toi ». Chaque message n'est en soi ni bon ni mauvais ; il contribue à engendrer des qualités mais, dans ses excès, il peut affaiblir le sujet ou susciter de la souffrance. Façonnée par l'injonction « sois forte », Éloïse est ainsi destinée à prendre le rôle principal, repoussant toujours trop loin ses limites, masquant son épuisement et son besoin d'être aidée. Elle contribue par ailleurs involontairement à renforcer sa solitude, privant sans doute ses proches d'une juste compréhension empathique de ses besoins. À l'extrême, le plus grand danger du « sois fort » est d'être intolérant à l'émotivité ou à la faiblesse, puis d'exploser dans la plus grande incompréhension générale lorsque la coupe est pleine, ou d'imploser sur le versant dépressif. Enfin, imprégnée de la souffrance maternelle, Éloïse redouble d'attention pour lui faire plaisir. Mais cette propension à l'altruisme creuse aussi le sillon de son aliénation (elle se sent devenir esclave d'une situation qui la dépasse), et parfois de sa culpabilité.

Les messages contraignants méritent d'être explorés pour que chaque aidant comprenne sur quels étais s'est construit son style de comportement auprès de la personne aidée et dans son système familial. En tenant compte de ces messages, il devient aussi plus simple de déterminer à quelle fonction chaque aidant sera le plus efficace, et de prendre conscience des excès potentiels.

Qu'il s'agisse donc de rôles préexistants, de la diversité des tempéraments, des injonctions qui modèlent les comportements de chacun ou de l'histoire familiale dans sa globalité, nombreux sont les facteurs qui engendrent ces décalages familiaux. Le témoignage d'Éloïse met en lumière ces écarts de perception et d'implication, dont elle interroge les origines et questionne la légitimité. Sa proximité physique, sa sensibilité et son lien d'attachement particulier l'amènent à intégrer peu à peu le déclin maternel, à un rythme bien différent de celui de ses sœurs.

COMMENT CRÉER UNE DYNAMIQUE FONCTIONNELLE ?

En la matière, il n'existe malheureusement pas de recette idéale pour fédérer une famille dans l'accompagnement d'une personne fragile. Toutefois, certaines pistes de réflexion sont à explorer.

– **Distinguer ce qui relève des besoins de chaque proche et des besoins de la personne aidée** ; un frère pourrait prioriser le confort d'un parent et souhaiter lui apporter des aides importantes à la maison, tandis qu'une sœur voudrait préserver l'indépendance de celui-ci en le laissant faire au maximum par lui-même. Les véritables besoins de la personne aidée sont parfois noyés par les projections des uns et des autres. En voulant prendre soin de l'autre, on tend en réalité à cautériser ses propres blessures.

– **Lorsque des querelles éclatent**, peut-on prendre du recul pour comprendre quelles problématiques plus anciennes se rejouent ? Lorsque les réactions des uns et des autres semblent excessives face à la situation actuelle, c'est qu'il y a bien souvent une levée du refoulement et la réactivation de vieux dossiers !

– **En qualité d'aidant, quelle place occupe-t-on auprès d'un proche vulnérable ?** A-t-on le sentiment d'être plus légitime que les autres, et au nom de quoi ? Chaque aidant définit ses priorités dans cette mission et peut vite basculer dans l'illusion de mieux savoir. Ce savoir, s'il est parfois réel, est-il partagé ou utilisé pour confronter les autres proches à leur ignorance et à leur échec ?

– **S'interroger sur la place laissée à chacun**, notamment par l'aidant principal, car la situation peut conduire à des phénomènes d'exclusion ou d'emprise.

– **Les demandes formulées par l'aidant sont-elles claires**, sans ambiguïté possible pour l'entourage ? Il faut veiller à des messages sans double lecture, et réfléchir à ce que l'on risque d'induire et qui pourrait se retourner contre soi ; le « si tu ne peux pas, je me débrouillerai » offre ainsi une brèche à la dérobade de certains proches.

– **Les capacités d'empathie et de prise d'initiative ne sont pas identiques chez tous**, de même que certaines souffrances ou difficultés sont invisibles ; s'exprimer sans détour quand un problème ou un besoin se présente offre de meilleur résultat que de fantasmer sur la capacité des uns et des autres à deviner.

– **Essayer de s'en tenir aux objectifs** de la requête ou de l'échange, sans attaquer la perception ou le vécu de chacun afin de maintenir le fil d'un dialogue possible.

– **Oser aborder le sujet de la rétribution ou de la compensation financière** de l'aidant, et ouvrir le dialogue sur les difficultés financières lorsqu'elles se présentent, chiffres à l'appui pour permettre à tous d'évaluer les besoins, et pour permettre à chacun de dire s'il peut/veut s'investir.

– **Proposer des réunions de famille, des temps d'échanges avec les professionnels de santé** (en présentiel ou en visio) afin que tous entendent le même discours, et mettre à plat les difficultés, les inquiétudes et les limites. Rétablir le « nous » dans les conversations permet aussi à l'aidant désigné de se dégager de sa fonction managériale. Dans de nombreux cas, les proches se présentent comme les aidants de l'aidant ! Or, l'aidant principal n'est pas celui à qui on rend service ou que l'on aide, et il n'a pas vocation à tenir bon de manière systématique pour préserver l'équilibre des autres membres de la famille. Grâce à l'utilisation du « nous », chacun est alors explicitement encouragé à se sentir concerné, pour proposer ses idées ou ses solutions, ou a minima assumer de se retirer de l'équation.

– **Accepter le moindre investissement de certains**, car il peut être en effet coûteux de s'évertuer à réclamer de l'aide à ceux qui ne peuvent ou ne souhaitent pas en apporter.

PENSER SES LIENS D'ATTACHEMENT ET SON IMPLICATION

Face à sa mère malade, Éloïse se retrouve face à sa propre histoire et aux liens d'attachement qui se sont noués avec elle. La qualité du lien d'attachement apporte un éclairage sur l'investissement des aidants, sans le déterminer exclusivement. Si s'investir est une évidence pour certains, poussés par un lien d'attachement[1] sécure et nourrissant, d'autres se retrouvent embourbés dans un conflit interne où se mêlent rancœur, culpabilité ou besoin de réparation.

LE POIDS DES LIENS ET DES TRANSMISSIONS

Lorsque les liens d'attachement préexistants sont de mauvaise qualité (lien négligé, lien maltraité, lien haineux, etc.), bon nombre d'aidants ressentiront une difficulté, voire une impossibilité, à soutenir la personne en demande d'aide. S'occuper d'un proche malade ou handicapé, c'est avant tout s'occuper de ses propres racines, de ses origines. Chaque histoire est unique, et il est essentiel d'oser penser à la possibilité de ne pas aider un proche parent. L'adhésion à la mission d'aidant requiert à mon sens la capacité d'avoir pu au

1. Lien d'attachement : lien qui se met en place entre le bébé et ses figures d'attachement (parent, nounou...) dès les premiers mois de vie.

préalable songer à décliner cette fonction, tout comme la valeur du « oui » se mesure à notre capacité à dire « non » ; ou tout comme le « non » précède le « oui » dans le développement de l'enfant. Lorsque cette réflexion n'a pas lieu, il peut en résulter des situations périlleuses, mettant en danger l'aidant comme la personne aidée. Tout d'abord, la relation d'aide peut venir renforcer ou actualiser un lien d'emprise de la personne aidée sur l'aidant. Par ailleurs, si les liens préexistants se sont tissés dans la haine ou la violence, la situation de vulnérabilité ou de dépendance peut s'offrir comme une opportunité d'inverser les rôles. De victime passée, l'aidant peut désormais avoir un ascendant sur un proche fragile, et régler ses comptes à sa manière. On le sait, l'impulsion vengeresse ou la jouissance sadique trouvent particulièrement leur voie auprès des populations les plus vulnérables telles les personnes âgées ou handicapées. En deçà de la maltraitance, il faut aussi penser à toutes ces situations de négligence, de malveillance verbale, de contrôle exercé sur la personne aidée pour mesurer à quel point ces règlements peuvent également survenir sans intention aucune de la part de l'aidant, de manière détournée ou inconsciente.

> *Mme V. est aidante de sa mère, atteinte d'un cancer en phase avancée. Leur histoire commune est chaotique, parsemée de conflits et clairsemée de moments joyeux. Mme V. contrôle beaucoup le quotidien de sa mère ; elle limite les aliments « plaisir » pourtant encouragés par l'équipe médicale ; elle fait parfois des remarques acerbes sur les tenues de sa maman, critique ses maladresses physiques. Elle régente à sa façon la vie maternelle sans même s'interroger sur les circonstances qui la poussent à agir ainsi, de manière quasi tyrannique, jusqu'à ce qu'elle évoque son adolescence douloureuse auprès d'une mère odieuse, incestueuse, obnubilée par la perfection physique, et l'ayant entraînée dans de sérieux troubles du comportement alimentaire et une dépression sévère.*

Apprivoiser ses blessures personnelles et interpersonnelles, s'offrir du temps pour les accueillir et les panser, est essentiel pour éviter ces passages à l'acte et pour que la motivation à prendre soin s'étoffe sur la gratitude, l'amour, le pardon, plutôt que sur le ressentiment, la haine ou le châtiment.

Cependant des injonctions culturelles, sociétales ou religieuses perturbent grandement cette étape, l'interdisant même. Réfléchir à sa posture d'aidant nécessite donc en amont de questionner ses liens affectifs avec la personne soignée, le niveau d'investissement qui peut être envisagé et le temps qui peut être donné ; certains aidants pourront ainsi trouver un modus vivendi acceptable en s'occupant des tâches administratives ou des liens avec les professionnels, tout en refusant de s'impliquer émotionnellement et physiquement. Pour nourrir cette réflexion, il peut être bénéfique de s'entourer de proches ou d'amis qui pourront soutenir cette introspection sans l'alourdir ou l'interdire, offrant ainsi un espace pour créer ses fonctions d'aidant.

Les liens fusionnels quant à eux peuvent s'incarner dans un appel au lien intense, que la maladie impose sans détour. Éloïse est ainsi requise dans un espace sacré, celui du féminin. Il y a donc un prolongement de soi qui se joue de mère en fille, créant une symbiose certes, mais aussi parfois des risques de parasitisme, c'est-à-dire la sensation que l'une vit aux dépens de l'autre, la phagocytant sans retenue. C'est en général dans ces moments que surviennent affrontements ou querelles, dont Éloïse nous dit bien à quel point ils favorisent les réajustements. On peut aussi penser que cette fusion mère-fille est l'antidote extrême à l'angoisse d'abandon, car pour se séparer, il faut paradoxalement être attaché, c'est-à-dire avoir suffisamment intégré la force et la sécurité des liens pour consentir à être seul. Or, l'histoire de vie de la mère d'Éloïse est ponctuée de blessures, de pertes, de traumas, ayant sans doute occasionné des troubles de l'attachement. Et si sa résilience personnelle l'a conduite à s'incarner comme une femme solide, libre et déterminée, il n'en demeure pas moins qu'Éloïse, comme tout enfant, s'est imprégnée des blessures de sa mère. Les expériences précoces douloureuses de celle-ci infusent chez Éloïse, suscitant l'appréhension récurrente de réactiver la blessure originelle. Sollicitée comme panseuse des blessures maternelles et penseuse pour répondre aux besoins intellectuels de sa mère, Éloïse est ainsi assignée dans un statut d'enfant-aidant qui l'étreint lourdement. Habitée par le traumatisme du déracinement de sa mère, elle se fait la promesse de la garder le plus longtemps possible à la maison, au prix d'un épuisement sans précédent. Enfin, en partageant actualités ou travaux d'écriture, Éloïse prend un plaisir certain et consolide indirectement l'identité maternelle ; en permettant à sa mère de s'identifier à elle (partage de leurs compétences journalistiques), elle stimule sa pulsion de vie. La mère d'Éloïse quant à elle la nourrit tout autant, au propre comme au figuré !

Enfin, Éloïse, dont le prénom d'origine germanique pourrait se traduire par « illustre au combat », semble ainsi toute désignée par sa lignée pour occuper son rôle d'aidante, et adoubée, nous dit-elle, par sa mère ; pourquoi est-elle attendue dans cette mission de vie et quelles blessures familiales ont ainsi participé au choix de ce prénom ? Le poids du transgénérationnel s'exprime souvent lorsqu'une crise d'une telle ampleur frappe tout un système familial, et chaque aidant pourrait trouver un intérêt à s'interroger sur son héritage transgénérationnel et les attentes inconscientes qui y sont liées.

BILAN DE VIE

La maladie des parents amène à une remise en question, à une réflexion sur son propre parcours de vie, sur ses choix. C'est ainsi qu'Éloïse revisite l'histoire de sa mère et de ses origines, les blessures et les traumatismes traversés, et reconsidère par la même occasion son rapport au monde et ses besoins propres. La confrontation à la dégradation de sa mère l'engage à se questionner sur son lien fusionnel et les crispations qui l'ont tendu, autant qu'à réfléchir à la place ajustée qu'elle souhaite occuper à ses côtés ; la maladie les rassemble, colore différemment leur relation. Pour d'autres proches, c'est l'opportunité de se sentir utile et de réparer une relation en perdition.

Cette situation d'exception conduit par ailleurs Éloïse à s'interroger sur les différentes trajectoires de sa vie future, en y intégrant l'héritage et les transmissions maternelles. Pour de nombreux aidants, cette introspection peut être vertigineuse, car elle met en lumière l'absence d'étais ou leur fragilité pour garantir l'avenir sans l'être aimé.

LES CONSÉQUENCES SUR LA VIE DE COUPLE ET DE FAMILLE

Prendre soin d'un proche vulnérable est une mission chronophage qui empiète, nous l'avons vu, sur bien des espaces, à la fois symboliques et réels. Offrir son temps et sa disponibilité pour soutenir un proche vulnérable engendre des dommages collatéraux, auxquels la vie de couple et de famille n'échappe guère.

Lorsque le proche aidé est hospitalisé à domicile ou lorsqu'il est accompagné par des services à la personne chez lui et avec le concours de son entourage, c'est la maladie et toutes ses ramifications qui s'invitent dans l'espace de vie. L'envahissement du matériel médical peut imposer notamment de réaménager le lieu de vie, nécessitant parfois que le proche aidé s'installe dans les espaces collectifs du domicile.

La promiscuité avec le malade et ce qui s'y rattache, l'absence de refuge où se retrancher, et l'exiguïté de certains domiciles sont autant de facteurs déclencheurs de tensions entre l'aidant et la personne aidée, mais aussi avec les autres membres de la famille, lorsque tous vivent sous le même toit. Si la situation peut être anticipée, il est important de tenir un conseil de famille sur la manière dont l'accompagnement d'un proche à la maison va bouleverser les habitudes individuelles et collectives, et de définir des compromis acceptables qui ne porteront pas de préjudices trop grands à l'équilibre de chacun.

> **Les questions à se poser en famille seront, par exemple :**
> - Comment la vie de famille pourra-t-elle continuer de se déployer ?
> - Quels rituels risquent d'être bouleversés ?
> - Certains projets vont-ils être ajournés ?
> - Quelles sont les résistances et les inquiétudes de chacun ?

Le temps consacré aux soins, à la présence, au soutien logistique peut aussi cristalliser des tensions dans le couple ou la famille ; ce temps donné par l'aidant est alors perçu comme du temps sacrifié, volé. Lorsque la personne aidée devient la priorité, chaque proche doit renoncer temporairement à être l'objet d'attention et de soin, et être psychiquement capable d'être seul, sans être habité par le sentiment de moins compter. En nommant les choses ainsi, on perçoit les inégalités qui peuvent s'exprimer dans ces situations, car certains proches pourront voir leurs blessures narcissiques profondément réactivées, dans une impression de rejet ou d'abandon, tandis que d'autres auront les ressources suffisantes non seulement pour poursuivre leur chemin mais aussi pour soutenir le proche mobilisé.

Lorsque l'aidant est par ailleurs parent d'un enfant ou d'un adolescent, ce dernier peut exprimer en paroles ou en actes sa colère et son anxiété face à l'indisponibilité physique, psychique ou cognitive de son parent ; ou bien au contraire se conformer au statut d'enfant silencieux, trop imprégné de la souffrance de son parent aidant pour lui exprimer ses émotions ou le confronter à ses absences répétées.

Parmi les conséquences possibles, il faut souligner la dimension financière ; Éloïse l'évoque dans son témoignage, et nous alerte sur les conséquences non négligeables qui en découlent. Cela me paraît d'autant plus essentiel de le dire que l'argent est souvent perçu comme pure matérialité, alors qu'il apporte la sécurité, la reconnaissance et le sentiment de pouvoir dans son rapport au monde.

Sacrifier son équilibre financier en diminuant ou en renonçant à son activité professionnelle pour s'occuper d'un proche peut avoir un impact important sur le niveau de vie de toute une famille, la freinant dans ses projets (déménagement, financement des études supérieures des enfants), l'insécurisant dans son quotidien (factures à payer) et limitant ses espaces de respiration (moins de vacances, moins de loisirs). **Lorsque les moments de respiration émotionnelle se raréfient, c'est toute la charpente somato-psychique de l'aidant qui menace de s'effondrer et d'emporter par ricochet avec elle l'édifice conjugal ou familial.**

Loin de vouloir susciter des peurs ou de la culpabilité – rappelons que les aidants font au mieux et que tout choix implique des renoncements –, exposer ces quelques conséquences doit avoir pour unique objectif d'encourager l'aidant à identifier les retentissements possibles, non pour imaginer de les éviter tous, mais pour les anticiper, y réfléchir à plusieurs et façonner un équilibre dans lequel chacun pourra tenir, aussi précaire et imparfait soit-il.

Par ailleurs en prenant conscience de ces possibles répercussions, les aidants peuvent évaluer les bénéfices cachés de cette mission, et s'interroger sur les motifs profonds qui les animent. En psychanalyse, on parlerait volontiers de bénéfices secondaires pour tenter d'expliquer les raisons inconscientes ou larvées qui pourraient pousser certains à se surinvestir auprès d'un proche malade, mettant alors à distance leur famille, leur travail ou leur couple. Qu'on ne s'y méprenne pas ; il n'y a aucune intention de remettre en cause de façon systématique les soubassements de l'aide apportée à un proche, mais il s'agit de se poser des questions face à certaines situations dans lesquelles apporter son aide offrirait des contreparties telles que fuir un environnement professionnel devenu ennuyeux ou trop pressurisant ; ou s'écarter de son conjoint avec lequel on est de moins en moins enclin à passer du temps.

CHAPITRE 5
DES AIDANTS PARTICULIERS

L'AIDANT VIEILLISSANT

L'aidant vieillissant est un aidant confronté à son propre vieillissement. Il a parfois lui-même un parcours de vie déjà dense ou bien rempli, une vitalité moindre, et porte aussi les stigmates du temps qui passe. Corps épuisé ou malade, flexibilité mentale moins bonne, anxiété plus importante, difficultés motrices qui aggravent la perspective de s'impliquer dans les soins du corps sont, pour ne citer qu'eux, quelques particularités du grand âge confronté à la relation d'aide.

Pour la plus grande majorité d'entre eux, les aidants vieillissants prennent soin d'un conjoint, d'un frère ou d'une sœur, parfois plus rarement d'un enfant. Ils peuvent aussi s'occuper d'un parent très âgé telle cette femme de 80 ans, qui était l'aidante principale de sa mère âgée de 102 ans. Des liens affectifs forts les engagent donc, et la crainte de mourir avant l'autre est au cœur de leurs préoccupations.

Leur sens du devoir est souvent total, parfois démesuré eu égard à leur fragilité propre, et leur sens de l'engagement est d'autant plus marqué que leur environnement social est parfois plus limité. Ils ne peuvent pas compter autant que nécessaire sur leurs descendants : fort affairés de tous les côtés, ils ne vivent pas toujours à proximité et ne se rendent généralement pas compte des difficultés de taille auxquelles leurs parents sont confrontés.

> *« J'ai découvert la situation de mes yeux en venant passer quelques jours chez eux ; mon père était dépassé, le linge pas lavé, les factures entassées. Ils ne nous avaient, à mon frère et à moi, rien dit, par souci de nous protéger et sûrement aussi par péché d'orgueil. » (Mme A., aidante de sa mère atteinte d'une insuffisance cardiaque).*

De même le soutien amical est souvent mince, de nombreux compagnons de route étant décédés ou en mauvaise santé. Difficile dans ces conditions de se confier sur sa détresse, surtout lorsque l'éducation reçue n'encourage pas au dévoilement de soi.

Silencieux et vulnérables, les aidants vieillissants sont donc particulièrement touchés par la situation. Les ressources sur lesquelles s'appuient en grande majorité les aidants leur sont moins accessibles, car moins existantes ou moins exploitables, et cela requiert une plus grande vigilance sur leur état émotionnel et physique.

QUAND L'AIDANT EST LUI-MÊME MALADE

Parce qu'une situation difficile n'arrive malheureusement pas toujours seule, il est possible que l'aidant soit lui-même en mauvaise santé, diminué ou malade. L'allongement de la durée de la vie, les progrès de la médecine, mais aussi l'augmentation des cas de cancers chez les jeunes contribuent en effet à créer ces circonstances particulières où les fragilités se télescopent.

Que l'aidant soit plus jeune ou plus âgé que le proche aidé, le conflit intérieur est lourd à porter puisqu'il faut alors décider de prioriser sa santé sur celle de l'autre, ou consentir aux limitations imposées par la sienne et s'exposer aux remous de la culpabilité.

Lorsque la problématique de la personne aidée entre en résonnance avec celle de l'aidant – par exemple, lorsque parent et enfant sont atteints de la même pathologie –, la part d'identification est encore plus forte, mettant en péril la singularité de chaque histoire, densifiant la porosité des frontières psychique et émotionnelle, et le risque de projection réciproque. Lorsque des points de comparaison sont trop saillants, l'aidant et la personne aidée se trouvent ainsi pris au piège d'une trajectoire commune, qui les rassemble violemment autant qu'elle peut susciter des mouvements de rejet. Cette configuration est particulièrement problématique lorsque des liens d'attachement fusionnels et inadaptés constituent la trame relationnelle entre l'aidant et la personne aidée. La maladie de l'aidant vient alors faire basculer l'équilibre du système familial, pouvant susciter du côté de la personne aidée des mouvements de protestation face à l'indisponibilité de l'aidant.

Il en résulte qu'une énergie importante est dépensée par l'aidant malade pour lutter contre ces amalgames, mais aussi pour rester en lien avec la personne aidée. Ces mouvements centrifuges et centripètes, difficilement conciliables, méritent que chaque aidant malade ou handicapé puisse être accompagné et soutenu dans sa réflexion, car sa propre vulnérabilité met souvent à l'épreuve sa capacité décisionnelle.

Dans ces situations particulières se révèlent aussi parfois les limites propres à chacun, l'impossibilité pour la personne aidée d'encourager l'aidant malade à se reposer, ou à le soutenir émotionnellement, en allant parfois jusqu'à nier ou minimiser les besoins de celui-ci. En « ramenant la couverture à elle », la personne aidée exprime son désarroi, l'angoisse d'abandon et le refus d'intégrer que sa propre béquille est désormais trop fragile pour être sollicitée. Certaines personnes aidées, particulièrement fragiles sur le plan narcissique, dévoilent ainsi, au gré de leurs modalités défensives, l'impossibilité d'être dans une relation d'empathie, c'est-à-dire de pouvoir concéder à l'autre un monde intérieur, une subjectivité et une histoire n'appartenant qu'à lui, et l'incapacité d'accéder à la différenciation de leurs vécus.

LES JEUNES AIDANTS

Enfants, adolescents ou jeunes adultes de moins de 25 ans, les jeunes aidants viennent en aide de manière régulière et non rémunérée à un proche (parent, frère ou sœur, grand-parent, etc.) en situation de maladie physique ou mentale, ou de handicap. L'association Jade évalue à 500 000 le nombre de jeunes aidants en France.

Leur implication peut être variable : les soins de nursing de la personne aidée, la gestion domestique ou administrative, la coordination, la surveillance et le prendre-soin de la fratrie, la communication avec les professionnels de santé, la participation aux finances du foyer et le soutien émotionnel.

Ces différentes situations les exposent donc particulièrement dans leur processus psychoaffectif, leur implication scolaire, leur santé physique et leur intégration parmi leurs pairs. Ces jeunes aidants souffrent en effet de troubles du sommeil, de difficultés de concentration pouvant altérer leurs apprentissages ou conduire au décrochage scolaire, et d'anxiété.

Longtemps invisibles, les jeunes aidants attirent depuis quelques années l'attention de certaines associations qui se mobilisent pour leur offrir du soutien, et des espaces de médiation et de répit. Le dispositif Jade, qui s'étend aujourd'hui dans plusieurs départements, propose des ateliers artistiques (cinéma, théâtre, musique), afin que les jeunes aidants puissent à la fois disposer de moments légers et conviviaux, et partager avec d'autres leurs expériences, en réduisant l'isolement que leur situation peut engendrer.

Cette réalité implique aussi de sensibiliser les professionnels de la santé, du social et de l'éducation sociale, afin de faciliter le repérage des jeunes concernés et de pouvoir leur apporter conseil, soutien et ajustements pour que l'aidance ne constitue pas un frein à leur intégration sociale, à leur santé ou à leur capacité à se projeter et à construire leur avenir.

CHAPITRE 6
SE PRÉSERVER

La maladie, ses conséquences et les multiples responsabilités qui en découlent autant que le temps consacré, requièrent inévitablement de s'interroger sur le soin que les aidants peuvent accorder à leur propre santé, qu'elle soit physique ou mentale. Pourtant, on le sait, l'encouragement à prendre soin de soi ne se traduit pas toujours par le passage à l'action. Identifier ce qui l'empêche ou l'interdit est une priorité : est-ce une question de loyauté ? De culpabilité ? De temps ? De moyens ?

L'admiration sociale qui plane sur les aidants contient aussi en germe leur isolement ; ils ne peuvent être ni rejoints, ni totalement compris dans leur traversée du désert. Félicités pour leur engagement, ils sont par ailleurs sommés de trouver un équilibre au péril d'être critiqués sur leur excès de présence et de soutien ; encouragés à « prendre soin d'eux », ils n'ont souvent paradoxalement que peu l'occasion d'un relâchement ou d'un répit, bien conscients de tenir un château de cartes entre leurs mains qui pourrait s'effondrer à chaque instant. Éloïse en porte la trace, elle qui s'efforce jour après jour de pallier les besoins de sa mère, de prendre soin de ses angoisses, de la protéger des risques de sa confusion, de lui éviter une chute qui à tout point de vue pourrait lui être fatale. Qui s'occupe des aidants dans cette chaîne humaine ?

Nous proposerons donc ici quelques balises ou points de repères à considérer dans le but de se préserver, autant pour pérenniser l'aide apportée que pour limiter les risques d'épuisement, de dépression et d'anxiété, à moyen et long terme.

RECONNAÎTRE LES SIGNES D'ÉPUISEMENT GLOBAL ET LA FATIGUE DE COMPASSION

Nommer sa fatigue, sa lassitude, son ras-le-bol parfois aussi, n'est pas évident, car les aidants ne se sentent en général que peu légitimes dans leur fatigue face à la maladie de leur proche. Comment s'estimer être en mauvaise santé dans ce contexte ?

Pourtant, la fatigue chronique physique et psychique s'insinue dans ces petits riens souvent niés ou mis à distance ; des maux physiques qui s'installent peu à peu tels des maux de dos, des troubles cardio-vasculaires ou gastriques ; des troubles du sommeil qu'il s'agisse d'endormissement difficile, de réveils inopinés la nuit, d'insomnies ou de réveils précoces sans possibilité de retrouver le sommeil ; des troubles de l'attention liés souvent à une charge mentale qui explose ; une anxiété qui s'infiltre dans la vie quotidienne et surgit même à des moments censés être agréables ; une irritabilité, etc. Tous ces éléments, bien souvent minimisés, font pourtant le lit d'une usure qui s'installe progressivement.

Ainsi les proches, les amis, les collègues de travail ont-ils un rôle important à jouer en ce sens qu'ils offrent une grille de lecture différente, car externe.

Et lorsque les symptômes apparaissent de manière criante, nombreux continueront de nier les évidences, de refouler l'appel au secours que leur corps lance, de minimiser leur détresse et d'ajourner le moment de prendre soin d'eux. Soucieux de ne pas déséquilibrer la personne aidée, de lui préserver l'énergie encore disponible, beaucoup d'aidants se sacrifient dans leur propre équilibre, physique, psychique, relationnel, professionnel et existentiel.

À un degré supérieur, nommons également la « fatigue de compassion[1] ».

Liée à la proximité extrême avec la personne malade, cette empathie devient hypersensibilité douloureuse à mesure que les frontières s'affinent ; la douleur du malade s'inscrit dans la chair de l'aidant, son anxiété s'insinue dans le système cognitif et émotionnel de l'aidant. Cette « contamination psychique » s'expliquerait aussi par l'activation de zones cérébrales, ce qui a conduit à considérer qu'une personne témoin d'une situation voit les mêmes parties de son cerveau s'activer que celle qui vit la situation. On comprend d'autant mieux que proche aidant et personne aidée, au-delà de l'accordage affectif nécessaire, puissent en venir à former une bulle symbiotique de laquelle il peut être difficile, voire impossible, de s'extraire.

Dans la fatigue de compassion s'exprime ainsi la sensation d'avoir été vidé de sa substance vitale, vampirisé par l'emprise de la maladie ou des handicaps. L'aidant se vit comme étant à côté de lui-même, ce qui s'apparente à un phénomène de dépersonnalisation ; « je ne me sens plus être moi depuis quelques mois, je suis comme spectatrice de ma situation » verbalisait ainsi une femme, aidante de sa mère atteinte de schizophrénie depuis de nombreuses années. Cette forme de dissociation avec son corps et son fonctionnement cognitif en dit long sur la gravité de la fatigue

1. DUHOUX S., *Traumatisme vicariant : la souffrance des soignants*, 20 mai 2014.

de compassion, dans la mesure où l'aidant ne dispose alors plus de ressources suffisantes pour demeurer maître de lui-même et de son rapport au monde.

Plus encore, des comportements impulsifs et agressifs peuvent survenir, témoins vivants de l'effondrement des capacités de contenance émotionnelle, de la saturation psychique et du court-circuit de la pensée et de la métabolisation cognitive. Il est malheureusement bien connu que les situations où il est question de prendre soin des populations les plus vulnérables est aussi l'endroit où peut jaillir l'agressivité, le cynisme, la violence, voire la maltraitance.

Enfin, la fatigue de compassion nuirait elle aussi au sentiment d'efficacité et d'utilité : elle occasionne alors remise en question, vertiges existentiels et perte de sens. Éloïse en témoigne dans ce cauchemar qui l'amène à se vivre comme « idiote au bord du précipice », témoin passif de la chute de son chien Marcel, reliquat de son impuissance face au déclin maternel. Ce sol qui se dérobe sous ses pieds et la crise d'angoisse l'empêchant de déglutir au petit matin sont l'expression de cette souffrance partagée à l'extrême avec sa mère.

État d'épuisement chronique, fatigue de compassion ou dépression ne sont ni des fatalités ni l'expression de la faiblesse des aidants. Plutôt que d'y lire une défaillance ou un échec, mettons en lumière ce que ces situations révèlent : le besoin absolu de restaurer un équilibre mis à mal et des frontières trop poreuses. Peu d'aidants échappent à ces écueils, mais en définir les contours et les symptômes est la première étape pour en limiter l'impact.

QUELQUES ÉTAPES POUR IDENTIFIER ET POSER SON CADRE

– **S'observer, écouter son inconfort**, son irritabilité, les maux de son corps (problèmes dorsaux, gastriques, maux de tête, problèmes dermatologiques, etc.) ; ces signaux nous alertent pour repérer ce qui est frustré, malmené et les espaces qui doivent être préservés.

– **Respecter qui l'on est pour se faire respecter,** en construisant un équilibre entre altruisme et générosité portée à soi-même. Certains schémas de relation entravent l'établissement des limites. Avec qui et quand ai-je appris que je n'avais pas le droit de penser à moi ? Ai-je la crainte d'être critiqué ou rejeté si j'exprime mes besoins et une demande d'aide ?

– **Exprimer clairement ses limites et s'y tenir soi-même** ; être « congruent », c'est-à-dire avoir une attitude conforme au discours que l'on tient, pour renforcer son propre niveau de cohérence (par exemple, « j'ai besoin de repos » n'est pas compatible avec le fait de s'agiter et de prendre à sa charge de nouvelles responsabilités). Exposer son cadre ne rime pas forcément avec autoritarisme dès lors que l'on respecte certaines règles de base sur la communication dite non violente. Lorsqu'un aidant exprime, par exemple, son besoin de repos ou de déconnexion, il peut éventuellement expliquer ce qui se passe en lui pour se faire comprendre. Attention néanmoins à ne pas basculer dans la justification ; les émotions ne se prouvent pas, elles s'éprouvent et personne ne peut s'y opposer !

– **Formuler une demande nécessite aussi de se préparer mentalement** à des refus, à des oppositions ou même à des silences. Cela peut être très frustrant pour un aidant d'avoir mis autant d'énergie à formuler une demande claire et respectueuse qu'il juge lui-même recevable et de s'exposer à une fin de non-recevoir.

– **Évaluer le temps que prend chaque activité** permet de s'organiser, de ne pas « faire de plan sur la comète » et d'en référer aux autres proches en cas de besoin.

– **Être compatissant avec soi-même** ; c'est un long chemin que d'affirmer peu à peu qui l'on est, et ce dont on a besoin pour fonctionner.

On ne le répétera sans doute jamais assez, mais poser ses limites reste l'une des clés principales pour accompagner quelqu'un dans la durée. Pourtant, c'est souvent après coup, lorsque ces limites ont été largement franchies, que l'aidant peut reconnaître et nommer les excès dans lesquels il s'est embourbé.

Pour y parvenir, encore faut-il pouvoir sortir de la toute-puissance et de l'illusion d'un contrôle absolu de la situation. S'il nie ses limites ou se plie aux contraintes imposées par ses proches sans ménager ses efforts, il risque de sentir le poids de celles-ci. Tout ce qu'un aidant tentera ainsi de mettre sous le tapis ou de minimiser réapparaîtra sous d'autres formes.

Poser ses limites ne va pas de soi, et encore moins, nous l'avons dit, dans certaines situations sociales ou familiales. Pour autant, s'imposer de le faire, c'est offrir des garanties de sécurité, de responsabilité et d'anticipation à la personne aidée. Si la personne aidante reconnaît qu'elle ne peut plus supporter la nudité maternelle et accueille l'inconfort qui s'en suit, elle pourra ainsi mettre en place un service d'aide à la personne pour assurer la toilette. De même un aidant réceptif à son épuisement, c'est-à-dire qui ne le nie pas ou ne le banalise pas, pourra-t-il plus facilement s'accorder une bouffée d'oxygène ou une sieste, en sollicitant un ami ou un bénévole pour assurer un temps de présence à la maison.

Éloïse nous l'évoque dans son récit ; quelque chose se réorganise favorablement dès lors que son planning est davantage structuré, de façon quasi militaire. En choisissant ses combats et en se détournant de ceux qui offrent un faible rapport bénéfice/inconvénient, elle décide de donner moins, mais mieux. Et si sa maman n'a plus forcément la capacité de le juger pertinent ou de le respecter (par exemple, les longues séances de gym de sa fille tous les matins), ayant peut-être aussi l'impression d'être lésée, Éloïse s'y tient pourtant, convaincue du bien-fondé de ce cadre. En cultivant son propre équilibre sans chercher systématiquement l'approbation, elle en partage en réalité toutes les conséquences positives avec sa mère.

S'ACCORDER DU RÉPIT ET SOLLICITER LES RESSOURCES ADAPTÉES

Colonne vertébrale de la relation d'aide à un proche malade, le répit est d'une importance fondamentale dans un parcours qui peut se déployer durant de nombreux mois ou plusieurs années. Ce n'est ni un privilège, ni un caprice mais davantage une nécessité vitale pour le proche aidant et une garantie de sécurité pour la personne vulnérable ; fatigue, épuisement physique et morale, charge mentale qui explose et temps compressé peuvent en effet devenir de sérieux obstacles à une prise en soin optimale. D'une erreur concernant la posologie d'un traitement donné, à l'oubli d'un rendez-vous médical, en passant par des moments d'agressivité vis-à-vis de la personne aidée, ou un malaise de l'aidant, il existe pléthore de signaux, des plus légers aux plus graves, justifiant de repenser sa place en qualité d'aidant et la pertinence d'y associer des relais.

Par répit, on entend toute forme d'aide et de soutien visant à maintenir l'équilibre d'une relation d'aide, en considérant les bénéfices apportés à chacun. Le répit, s'il a souvent tendance à être envisagé en cas de détérioration de la situation, peut tout à fait se déployer de façon préventive. En effet, plus ces soutiens sont intégrés tôt dans la prise en soin, plus les accompagnants préservent des espaces de respiration émotionnelle, cognitive et sociale. **Or un aidant sans répit est un aidant qui dépérit.**

Le répit permet, d'une part, à l'aidant d'entretenir sa santé physique et psychique, de prévenir l'épuisement ou de le limiter, et d'éviter ainsi le risque de maltraitance ou les flambées d'agressivité. Il permet, d'autre part, de retrouver avec la personne soignée un lien de qualité, une prise de recul, et parfois d'avoir une perception différente de la situation ; de renouer avec le plaisir de s'appartenir, pour pouvoir se donner sans se sacrifier ; d'instaurer des espaces différenciés pour mieux se retrouver. En préservant aussi ses liens sociaux, amicaux, affectifs, l'aidant cultive ses ressources personnelles au bénéfice de ses missions. En somme, le répit n'est pas la rupture du lien, il en est l'antidote : il garantit le maintien de celui-ci en le régénérant.

La personne aidée peut aussi y trouver des bénéfices. Elle développe d'autres liens, découvrant qu'il est possible d'élargir son cercle de confiance, en s'appuyant sur d'autres ressources que celles de son aidant principal ; c'est un gage de sécurité, car le cordon sanitaire s'étoffe et se renforce ! Certaines offres de répit lui ouvrent les portes d'autres environnements (accueil de jour, par exemple) où elle peut être accueillie différemment, soutenue dans son autonomie et où les activités proposées contribuent à renforcer l'estime de soi.

ACCEPTER L'IDÉE D'UN RÉPIT

Le terme « répit » peut lui-même être connoté négativement, en étant associé à un sentiment de pénibilité et en laissant planer l'idée d'un fardeau trop lourd à porter. La perspective d'une pause confronterait certains aidants à la culpabilité d'abandonner leur poste, d'induire des bouleversements parfois difficiles à vivre pour la personne soignée ou de relâcher temporairement leurs responsabilités : de la relâche au lâche, il n'y a parfois qu'un pas dans la tête de l'aidant, justifiant d'autant plus son refus de relais ou de soutien.

L'absence de relais satisfaisant ; par méconnaissance ou par expérience, les aidants peuvent trouver difficile, voire impossible, de confier leur proche à des personnes extérieures, redoutant leur manque de qualification ou des intentions malveillantes. Comme

Éloïse avec Romane, il est alors nécessaire de construire pas à pas une relation de confiance pour pouvoir s'appuyer sur ces professionnels.

Le refus du proche aidé ; la blessure narcissique d'être « assisté », la honte d'être en situation de vulnérabilité, le refus déterminé à se percevoir comme diminué ou des troubles neuropsychologiques consolident le refus d'une aide extérieure. En situation de fragilité extrême, le besoin de se rattacher à une ou des figures d'attachement principales se renforce, et le danger est alors projeté à l'extérieur de ce cercle de sécurité affective. Les tentatives désespérées des aidants et de leurs porte-parole pour justifier de la pertinence des aides extérieures sont souvent vaines. Dans ces conditions, l'aidant n'a parfois d'autre issue que d'agir sans ces aides, qui auraient pourtant pu lui offrir une bouffée d'oxygène. Cette situation augmente encore plus sa croyance d'être indispensable.

Des difficultés d'adaptation ; les aidants eux-mêmes peuvent refuser des aides à la maison, par crainte que leurs repères ne soient bousculés. La perspective de devoir s'accommoder des allers et venues de professionnels extérieurs peut les démotiver d'autant plus qu'ils ont établi un équilibre précaire auquel ils ne souhaitent pas toucher. Parfois enfin, la crainte de ne pas retrouver la configuration initiale constitue un obstacle à l'acceptation d'un modèle alternatif et temporaire, telle cette épouse qui déclinait une hospitalisation de répit pour son mari, trop inquiète qu'ils perdent tous deux les auxiliaires de vie fabuleuses qui intervenaient chez eux.

La méconnaissance des aides et des ressources disponibles ; la relation d'aide amène son lot de démarches, de recherches d'informations, de sollicitations auprès d'instances spécifiques, et il n'est pas toujours évident de se repérer ou de trouver les bons interlocuteurs pour être éclairé ; certaines problématiques financières sont aussi évoquées comme des freins face à une requête d'aide, notamment lorsque le reste à charge est trop lourd.

L'envie de faire par soi-même est également un motif souvent évoqué par les aidants, qui ne s'inscrit pas nécessairement dans l'injonction au devoir. Prendre soin, malgré les difficultés et la souffrance, peut prendre tout son sens. Certains aidants font ainsi sciemment le choix de se replier, pour se concentrer exclusivement sur la personne soignée. Cela semble être en partie le choix d'Éloïse, qui restreint certains investissements extérieurs et économise son énergie pour la mettre tout entière au service du soin à sa mère, et vivre intensément ce qu'il y a à vivre, intrinsèquement convaincue qu'être en première ligne est ce qu'il y a de meilleur à faire pour elle-même.

QUELLES AIDES SOLLICITER ?

On l'aura compris, actionner tous les leviers possibles offre la garantie d'un soutien équilibré et adapté, tant du côté de la personne aidée que du côté de l'aidant. Parmi ces aides, nous pourrions citer :

– **Les structures qui accueillent la personne aidée** sur des périodes déterminées, hebdomadaires ou épisodiques ; l'accueil de jour ; l'hébergement temporaire ; mais aussi les séjours dits « de répit » notamment en unité de soins palliatifs, qui s'adressent à toute personne porteuse d'une affection grave, chronique et potentiellement létale. Ces séjours de quelques jours à quelques semaines permettent ainsi au proche aidé d'être accueilli dans des conditions optimales, ces structures ayant pour objectif premier le confort et l'apaisement dans toutes ses dimensions (médicale, psychologique, sociale, spirituelle).

– **Les organismes qui interviennent à domicile** pour offrir un relais, un soutien et une assistance aux soins ; association d'aide à domicile, DAC (dispositif d'appui à la coordination), SSIAD (service de soins infirmiers à domicile), HAD (hospitalisation à domicile).

Le baluchonnage ou relayage, inspiré du modèle québécois, est quant à lui une solution intéressante de répit à domicile avec un intervenant unique qui prend le relais, de quelques heures à quelques jours, de jour comme de nuit. Les gardes-malades facilitent les sorties des aidants du domicile en assurant la surveillance et l'accompagnement de la personne aidée, ou permettent de relayer l'aidant la nuit afin qu'il puisse se reposer véritablement ; enfin, des associations de bénévoles interviennent à domicile, ou au chevet des personnes hospitalisées ou institutionnalisées, pour apporter présence et soutien aux personnes aidées et aux aidants.

Les équipes mobiles territoriales de soins palliatifs (EMTSP/ETSP) sont un dispositif innovant renforçant l'offre de soins et d'accompagnement des malades et de leurs proches aidants ; rattachées à un établissement hospitalier, elles interviennent hors les murs, au domicile mais aussi dans les structures d'hébergement pour les personnes âgées, les maisons d'accueil spécialisées, selon les conventions signées. En coordonnant tous les acteurs impliqués dans la prise en soin et en travaillant à améliorer la qualité de vie des malades (diminution des symptômes complexes, conseils sur la vie quotidienne, accompagnement des problématiques ergonomiques ou sociales, etc.), ces équipes pluridisciplinaires facilitent grandement le maintien de ceux-ci dans leur lieu de vie habituel.

– **Les structures qui accompagnent les aidants dans le conseil, l'information et la coordination du plan d'aide** ; le CCAS (centre communal d'action sociale), le CLIC (centre local d'information et de coordination pour les personnes âgées et les aidants), les PFR (plateforme d'accompagnement et de répit à destination des aidants s'occupant d'une personne âgée atteinte d'une maladie neurodégénérative ou en perte d'autonomie).

– **Les aides financières** telles la PCH (prestation de compensation du handicap), l'allocation personnalisée d'autonomie (APA).

– **Les différents congés** spécialement dédiés aux aidants ; le congé de proche aidant et une allocation journalière dédiée, le congé de solidarité familiale ; le droit au répit (loi d'adaptation de la société au vieillissement (2015), qui offre une majoration de l'APA afin de financer une solution de répit).

– **Le don de jours de repos** qui permet au sein des entreprises d'offrir un à quelques jours de congés à un salarié aidant.

– **Les établissements qui accueillent proche aidant et personne aidée**, leur permettant à la fois d'être ensemble, mais leur offrant aussi des espaces différenciés pour souffler, comme les séjours vacances répit.

LIBÉRER SES ÉMOTIONS

L'accompagnement d'une personne malade ou dépendante requiert bien souvent un engagement affectif et physique si intense qu'il faut trouver des espaces de ventilation émotionnelle, c'est-à-dire des moments de respiration, de pause. Cela peut se faire par un dialogue avec un ami ou un professionnel, par le répit que l'on s'octroie, le sport que l'on pratique, mais aussi par le biais de l'écriture. C'est auprès de ses animaux, de la culture et de son activité professionnelle qu'Éloïse évacue ses émotions négatives.

Pascale Brillon, psychologue québécoise, s'intéresse depuis de nombreuses années à la santé émotionnelle des soignants. Elle pense que l'exposition au beau et à ce qui est inspirant peut nourrir en profondeur celui qui prend soin ; que ce soit par la contemplation d'un paysage, la vision d'un documentaire sur des lieux d'exception, l'admiration d'œuvres d'art ou de jolies photos sur les réseaux, l'écoute de la musique, la lecture d'un magazine de décoration d'intérieur ou dédié à l'automobile, il existe mille façons de stimuler notre rapport à la beauté qui nous entoure. Outre le réconfort visuel des plats colorés qu'Éloïse confectionne, mère et fille s'offrent une bulle de douceur et de réconfort, les éloignant momentanément de ce que la vie peut offrir de plus sombre.

Se ménager face à l'horreur ou à la souffrance requiert aussi que les aidants évaluent avec discernement ce qui peut leur nuire dans une période déjà fortement chargée sur le plan émotionnel ; peut-on s'épargner de regarder les informations télévisées ? Se soustraire à une soirée avec un ami, qui, lui-même déprimé, pourrait affecter notre moral ? Aider ne peut se faire sans instaurer une forme de discipline vis-à-vis de soi-même afin de s'octroyer des moments régénérants. Si Éloïse ressent par moments le besoin de s'individualiser (quand elle s'investit dans un nouveau travail), c'est précisément parce qu'un sursaut de vie l'y pousse, pour ne pas disparaître avec sa mère et lui survivre.

S'OFFRIR DE LA COMPASSION ET DES OCCASIONS DE SATISFACTION

Être compatissant avec soi-même, c'est se considérer avec bienveillance et accueillir ce qui émane de soi, sans jugement ni critique. C'est mesurer avec acuité les efforts fournis sans chercher à les évaluer, et s'efforcer de s'apporter de bons soins tout comme on est capable d'en dispenser à la personne aidée. Bon nombre d'aidants ont ainsi tendance à accorder beaucoup de place à leurs échecs ou à leurs négligences, sans valoriser ce qui est accompli. Qu'importe finalement qu'une maison soit moins bien tenue ou que les menus de la famille soient moins équilibrés ? Peut-on en revanche se féliciter d'avoir trouvé deux heures pour remplir le dossier d'APA pour le proche aidé ? Peut-on se gratifier d'avoir trouvé une heure pour rendre visite à sa grand-mère en Ehpad plutôt que de critiquer le temps qui ne lui a pas été consacré ? Il faut, par ailleurs, se rendre compte que la temporalité des personnes aidées est bien différente de la nôtre ; lorsqu'elles sont épuisées ou présentent des troubles cognitifs, il leur est parfois bien difficile de percevoir le temps véritablement passé à leur chevet. Dans ces moments suspendus, le temps se mesure autrement et dans une perspective qualitative plus que quantitative.

VITALISER SON CORPS

Le corps et l'esprit sont indissociables, et se bonifient autant qu'ils peuvent réciproquement se fragiliser. Plus encore, à la manière d'Éloïse qui est le prolongement maternel à bien des égards, les identifications multiples pour soutenir le malade se répercutent sur la vitalité de ceux qui le veillent.

Les statistiques actuelles mettent en avant une réalité bien sombre ; un aidant sur trois meurt avant la personne aidée, du fait de l'épuisement, du stress chronique cumulé ou d'un syndrome dépressif. Si ces trois problématiques sont fréquentes dans le domaine de la relation d'aide, nous avons vu précédemment qu'elles étaient renforcées par la négligence des aidants vis-à-vis de leur propre santé, faute de légitimité, de temps ou de priorité. Le baromètre 2016 de l'Ocirp indique que 60 % des aidants sont exposés à un risque de surmortalité dans les trois ans qui suivent le début de la maladie du proche aidé.

La santé des aidants est donc un réel problème de santé publique et mérite que chacun considère avec intérêt l'importance de maintenir son corps en bonne santé, non seulement pour se préserver, mais aussi pour s'ancrer dans le vivant, et y puiser les ressources essentielles afin de pérenniser l'aide apportée. **Si vous ne parvenez pas à prendre soin de votre santé pour vous-même, alors faites-le pour le proche aidé !**

Nombre d'aidants persistent à ignorer à quel point toute leur vie s'est trouvée déséquilibrée et mérite d'être reparamétrée de bout en bout, à commencer par leurs besoins vitaux.

Le sommeil, clé de voûte de notre santé mentale et physique, doit faire l'objet de toutes les attentions, car c'est au cœur de ces moments de récupération que nous réorganisons nos connexions neuronales et intégrons tout ce que nous avons vu, perçu, senti, entendu, éprouvé. Nous y consolidons nos souvenirs, tricotons des conclusions et des savoirs qui nous permettent de mieux nous adapter à notre environnement, et préservons ainsi nos capacités cognitives. Le sommeil pourvoit aussi à la stabilité de l'humeur, réduisant le risque d'anxiété et d'irritabilité. Dormir suffisamment contribue à la régénérescence cellulaire, au maintien de l'homéostasie de notre corps (température corporelle, production d'hormones, régulation de la glycémie) ou encore à l'élimination des toxines. Un sommeil insuffisant (un adulte aurait besoin entre sept et neuf heures de sommeil par nuit) ou de mauvaise qualité peut donc entraîner des conséquences importantes. Consulter son médecin permet d'identifier quelles sont les problématiques liées au sommeil et d'avoir recours à des solutions médicamenteuses ou non pour y remédier.

Dans son récit, Éloïse évoque aussi l'importance d'une alimentation saine et variée, favorable à la santé physique, mais également à la santé psychique ! Le régime méditerranéen permettrait de diminuer de 30 % le risque de dépression ; une consommation excessive de sucre augmenterait l'agressivité et la fatigue liées aux pics de glycémie, et favoriserait des troubles cognitifs ; l'excès de sel contribuerait à multiplier par deux la réponse hormonale au cortisol (hormone de stress). En outre, la stimulation sensorielle liée à la préparation des repas peut aussi offrir une échappatoire apaisante, nous reconnectant au beau et au bon.

Prendre soin de son corps passe aussi par l'ancrage psychocorporel ; que ce soit par la cohérence cardiaque, la méditation de pleine conscience ou la sophrologie, pour ne citer qu'elles, toutes ces pratiques peuvent constituer une aide précieuse pour l'aidant. La stimulation des cinq sens déploie notre conscience, nous liant davantage au monde et au vivant. Le mouvement stimule notre cerveau, et la pratique régulière d'une activité physique bonifie notre santé mentale par la régulation du cortisol et la production accrue de neurotransmetteurs propices à une humeur plus stable. Mettre son corps en mouvement, que ce soit par la marche, le yoga ou la natation, influe aussi sur notre sommeil, l'estime de soi, la résilience psychique occasionnée par le dépassement de soi, et nos capacités cognitives via de nouvelles connexions neuronales et la croissance cellulaire.

Le contact avec la nature est quant à lui thérapeutique à bien des égards, comme on le voit avec Éloïse qui y trouve une source d'apaisement. Il diminuerait l'anxiété et les troubles dépressifs par les bienfaits de la marche, tout en stimulant la capacité d'émerveillement et de gratitude vis-à-vis du monde qui nous environne. À l'écart de stimulations parasites, la marche nous invite à contempler le déploiement des forces de la nature, nous y plaçant à notre juste place, dans la relativité de l'existence. Cet ancrage est une ressource clé pour les aidants, souvent envahis par le stress, les anticipations et les préoccupations incessantes.

RECHERCHER DU SOUTIEN

DÉLÉGUER ET CO-CONSTRUIRE UN DISPOSITIF DE SOUTIEN

Plus la maladie évolue, plus la capacité d'adaptation de la personne aidée aux aides extérieures se complexifie ; c'est pourquoi, il est toujours mieux de laisser ouverte dès le début la perspective d'aides extérieures, plutôt que de se faire la promesse aveugle de ne jamais avoir recours à certaines structures ou aides à domicile.

Éloïse nous en donne un témoignage encourageant : malgré ses réticences initiales à confier sa mère à une personne extérieure à la famille, elle développe un lien de confiance avec les auxiliaires de vie. Il est donc possible de faire équipe avec des professionnels engagés, soucieux de s'ajuster aux besoins de la personne aidée et de co-construire avec les aidants un dispositif de soutien. L'on y entend aussi la réassurance, l'apaisement, la sécurité émotionnelle apportée, de même qu'un sentiment de responsabilité partagée. Cette notion est fondamentale car porter seul la responsabilité du soin et de la survie du proche aidé peut s'avérer profondément anxiogène. Or, c'est dans de telles situations que surgissent les comportements les moins ajustés et les plus dangereux pour la santé de l'aidant.

Préserver son espace intérieur requiert aussi la capacité d'intégrer dans son cercle un certain nombre de figures professionnelles et non professionnelles, sans les démultiplier à l'infini au risque d'avoir accès à trop de trajectoires différentes et une incohérence certaine. **Bien choisir son interlocuteur est primordial ;** non seulement pour partager ses difficultés avec quelqu'un qui n'encouragera ni à fuir ni à subir, mais aussi pour être accompagné sans jugement dans les méandres de son ambivalence.

Enfin, s'entourer de personnes qui vont bien est un gage de vitalité de l'aidant ; dans une période déjà complexe où il faut beaucoup donner de soi, s'affilier à des personnes qui apportent de belles ondes, de l'affection et des petites joies est un vrai plus. En rappelant que certains aidants sont modelés par des messages contraignants (*cf.* p. 201) les encourageant à s'occuper perpétuellement de ceux qui vont mal, on perçoit d'autant plus le risque qu'ils n'aient autour d'eux que des personnes physiquement ou psychiquement vulnérables.

LES GROUPES DE PAROLE ET LES CAFÉS DES AIDANTS

Ces espaces de parole dédiés aux aidants ont pour objectif de réduire l'isolement social, en renforçant le sentiment d'appartenance à un groupe de pairs. Ils contribuent à restaurer une certaine normalité par rapport à ce qui est vécu par ailleurs, mais permettent aussi de formuler ses doutes, ses peurs, ses ressentis dans un cadre protecteur et ouvert à la singularité de chacun. On y fait l'expérience d'écouter et d'être écouté, et, même silencieux, on entend souvent quelque chose qui résonne en nous et nous parle. Les aidants, temporairement déliés de la personne aidée, y développent la compréhension de leur propre fonctionnement, de leurs besoins et de leurs désirs. Ils y intègrent peu à peu les renoncements auxquels la relation d'aide les confronte, comme le deuil de leur toute-puissance ou de leur désir de contrôle, en partageant leurs difficultés et en co-construisant une posture plus ajustée. Ils s'y nourrissent aussi de l'énergie des autres et trouvent de nombreuses bonnes idées. Ainsi, ces groupes constituent-ils un puissant levier face à l'épuisement, en contenant et en « métabolisant » les débordements émotionnels, et en limitant de facto les passages à l'acte inappropriés.

L'ACCOMPAGNEMENT PSYCHOLOGIQUE

Il peut prendre la forme d'un accompagnement ponctuel, en fonction des difficultés qui émergent au fur et à mesure, autant qu'il peut s'inscrire dans la durée et la régularité. En milieu hospitalier, en établissement médico-social, les aidants peuvent solliciter l'écoute et le soutien d'un psychologue ; de même, les psychologues exerçant en ville peuvent être sensibilisés à la question de la maladie et du handicap, et sont parfois plus finement formés et informés sur les symptômes propres à chaque pathologie et aux ricochets dans la relation aidant-aidé. Ils travaillent en collaboration avec les médecins de ville, les psychiatres, les associations et les réseaux de santé pour offrir un maillage professionnel dense et soutenant aux aidants. Outre l'appui émotionnel qu'ils offrent, les psychologues sont aussi précieux pour traverser les crises induites par la maladie grave, comprendre les phénomènes de rupture ou d'agressivité au sein des couples ou des familles, et accompagner les aidants dans la recherche d'un positionnement ajusté. Certains sont formés à des techniques de médiation corporelle comme la sophrologie ou la relaxation, ou encore la méditation de pleine conscience, qui contribuent à réguler les émotions et à appréhender la situation avec plus de recul et de conscience de soi.

CHAPITRE 7
ET APRÈS ?

À la fois espérés secrètement et redoutés, ces chapitres qui s'ouvrent sans ne plus avoir à donner autant de soi sont souvent fantasmés comme libérateurs, mettant fin à des périodes de souffrance ou d'épuisement. En réalité, la fin de l'accompagnement s'associe souvent avec des épreuves d'envergure, et plusieurs deuils vont se télescoper : celui de l'enfant, de l'aidant, du sauveur, du confident, du complice. Ils font le lit du vide, de la désorientation et de l'ambivalence. Éloïse, qui a tant partagé avec sa mère au crépuscule de sa vie, après avoir été ballotée par le ressac incessant de cette intense période, se vit comme congédiée brutalement de cet espace-temps, et incapable de s'arrimer à sa propre vie dont le mouvement paraît à l'arrêt.

Pour d'autres aidants, c'est le placement en institution qui transforme la relation d'aide mais n'y met pas fin, car il faut se réajuster et cohabiter avec une équipe de soin et un cadre de vie différent.

Si certains accueillent avec soulagement l'aide des professionnels, leur confiant des tâches maintes fois assumées par le passé, d'autres peinent à trouver une place qui ne soit plus dans le registre du faire.

Dans tous les cas, la fin de la mission ou son redéploiement allège l'aidant tout en le confrontant à une liberté retrouvée qui l'embarrasse ou l'angoisse. Éloïse évoque ainsi l'errance dans laquelle il est possible de se retrouver après la mort de l'être aidé, encombrée d'un temps qu'elle ne peut investir, parfois même nostalgique d'une époque où sa vie avait un sens bien défini, une trajectoire bien établie : celle de prendre soin. Le deuil de la relation d'aide implique de revenir sur ses propres pas pour y retrouver l'endroit où l'on s'est oublié ou perdu, et se reconnecter progressivement à soi. Ce cheminement peut être complexe, amenant certains à reconstruire des scénarios identiques. Le baromètre de l'association Avec nos proches révèle que 71 % des aidants ont en effet senti le risque de s'enfermer dans ce rôle et le désir de chercher à accompagner une autre personne vulnérable, d'où l'intérêt d'interroger ce que la compulsion à soigner vient tacitement exprimer.

LE DEUIL DES AIDES EXTÉRIEURES

Lors du départ de Romane, Éloïse exprime également combien les professionnels détiennent tout un pan de l'histoire de la personne aidée ; ils en sont les témoins vivants, garants de leur mémoire, et contribuent à faire résonner ces souvenirs partagés qui seront bien souvent parmi les derniers.

Peu nommé, jugé comme surprenant parfois, voire illégitime, le deuil des aides est un deuil silencieux, et les aidants sont les premiers à verrouiller leur peine. Pourtant, de nombreux professionnels intervenant auprès de la personne malade constituent aussi un soutien indispensable pour les aidants.

TRAVERSER LE DEUIL DE LA PERSONNE AIDÉE

Des mois, des semaines se sont succédé, durant lesquels l'aidant s'est vu phagocyté par la maladie et ses conséquences, trouvant parfois même difficile de rester en lien avec la personne aidée dans sa globalité. La mort ouvre alors paradoxalement peu à peu la voie des retrouvailles avec l'être prématurément perdu, au fur et à mesure que se dissipent les ombres de la fin de vie, les images violentes, voire traumatiques.

Certaines images, particulièrement envahissantes et handicapantes, perturbent d'ailleurs le travail de deuil ; comment recomposer l'image de l'être aidé et disparu lorsque son identité tout entière est absorbée par les souvenirs de sa dégradation physique, de sa grabatisation progressive, de sa désinhibition ou de sa confusion ? Lorsque des symptômes de stress post-traumatiques envahissent la scène du deuil, il peut s'avérer nécessaire d'être accompagné par un psychologue ou un psychiatre formé à l'EMDR (Eye Movement Desensitization and Reprocessing) ou à l'ICV (Intégration du cycle de vie). Ces deux thérapies de référence dans la prise en charge des traumas facilitent le retraitement neuro-émotionnel des souvenirs et leur intégration. Il en résulte une meilleure flexibilité mentale, un niveau de stress moins important et un meilleur ancrage corporel associé à un sentiment de sécurité.

Si les images peuvent être particulièrement incisives, les mots persistants du défunt peuvent eux aussi envahir la pensée de l'endeuillé. Éloïse est ainsi projetée dans des questions sans réponse. Faut-il trouver un sens à cette phrase « Je quitte la maison », si l'on considère les troubles spatio-temporels de sa maman et un certain degré de confusion ? Éloïse, si elle est confrontée au deuil d'une réponse formelle, peut néanmoins construire un narratif qui fasse sens pour elle, tout en veillant à ne pas l'ériger en vérité absolue.

Ce travail de synthèse et d'intégration propre au deuil est énergivore et invisible. Dans le cadre de la maladie, il s'est installé progressivement, à chaque étape du parcours, et chaque aggravation a contribué à le renforcer. Dans ce temps du deuil, c'est l'épuisement qui prédomine et se prolonge, le poids du parcours traversé et reconsidéré à distance qui se manifeste, mais aussi les souvenirs qu'il faut intégrer et dépasser, les affects refoulés qu'il faut accueillir et entendre enfin. Quand Éloïse nous parle de ses désordres psychosomatiques et notamment de sa toux irritante, il faut y lire le haut degré d'anxiété dont on sait qu'il peut contribuer à déclencher des troubles respiratoires, et que l'on pourrait interpréter comme l'élimination des toxiques (frustration et chagrin) et la libération des non-dits. C'est lorsqu'elle est entendue et contenue dans une puissante relation affective que ce symptôme disparaît.

Le deuil s'infiltre aussi dans chacune de nos compétences cognitives et émotionnelles : attention, mémorisation, régulation, planification, etc. Pas d'autre issue pour Éloïse que de s'anesthésier dans des activités psychiquement économiques comme les réseaux sociaux ou le grignotage.

Ce temps du deuil, par essence incompressible, mérite d'être pleinement vécu même s'il est éprouvant, tant il permet de récupérer après de longs efforts et de retrouver progressivement son point d'ancrage.

Éloïse nous raconte aussi comment de la fusion avec sa mère à la dé-perfusion à son décès, elle s'est ainsi retrouvée privée d'un lien participant à son équilibre et à son métabolisme autant physiologique que psychique. En s'abreuvant des messages vocaux maternels et en s'accrochant aux objets, l'endeuillée cultive une concentration douloureuse sur la disparue. L'enjeu de ce processus est de taille puisqu'il favorise l'intégration progressive de la disparition de la personne en s'imprégnant le plus possible de son souvenir.

Or, lorsque l'on a partagé pendant tant de temps le quotidien d'une personne malade, il finit par être difficile de discerner ce qui relève du vécu de chacun, les subjectivités se confondant en un tout opaque. Il est parfois complexe pour les aidants d'évaluer où ils se situent, à la croisée de deux mondes : celui des vivants et celui des morts.

Prendre soin d'un proche vulnérable assigne chaque aidant devant la mort. Qu'elle soit réelle lorsqu'une maladie peut s'avérer létale, ou symbolique lorsque chaque perte physique, psychique ou cognitive renvoie à la détérioration de soi, de son identité ou de son intégration sociale, la mort se tapit partout. Les aidants évoluent tels des funambules sur ce fil si fragile, qui les ballote entre pulsion de vie et emprise mortifère. A. Malraux résume très finement le paradoxe de ce temps de la survivance : « La marche sur le mur entre la vie et les grandes profondeurs annonciatrices de la mort. »[1]

L'omniprésence de l'angoisse de mort peut aussi conduire à un mécanisme bien connu du monde animal, c'est la thanatose. Ce comportement défensif caractérisé par un figement total et un raidissement du corps comme simulacre de la mort permet à l'animal en danger de se protéger. Chez l'être humain, des mécanismes similaires peuvent se mettre en place au niveau psychique, comme si le retour dans la vie dite « normale » était pourvoyeuse de menaces, telle Éloïse, incapable de sortir de son lit lors du réveillon familial qui suit la mort de sa mère.

LE DEUIL DES IDÉAUX, DES ASPIRATIONS

À côté de ces deuils réels se superposent des deuils symboliques. La maladie, le vieillissement, s'ils génèrent de nombreuses peurs, suscitent aussi beaucoup d'attentes ; offrir le plus de confort pos-

1. MALRAUX A., *Lazare*, Gallimard, 1974, p. 105.

sible ; limiter les sources de douleur ou de souffrance ; amoindrir le sentiment de solitude ; accompagner une fin de vie paisible et une mort douce... Malheureusement **le réel n'est que rarement en accord avec nos fantasmes, et les aidants sont ainsi confrontés à de grandes désillusions.** Traverser ces deuils implique alors de faire la place au fameux lâcher-prise dont nous parle Éloïse ; non pas comme un simple mantra à suivre, mais une expérience à éprouver dans sa globalité, dans ce qu'elle génère d'insupportable. Accueillir ses limites, consentir à ne pas avoir pu tout apporter, se pardonner de ne pas avoir été là dans des moments capitaux, est un long chemin dans le processus de deuil. Et parce que se séparer est rarement simple, la déliaison[1] est parfois une étape nécessaire pour qu'une personne aidée glisse peu à peu de l'autre côté de la rive, tandis que des liens trop fusionnels peuvent peut-être retarder déraisonnablement cette issue.

Vivre le deuil d'une belle mort, c'est aussi faire la place aux aspirations de la personne aidée ; c'est l'accompagner dans la direction qu'elle choisit autant que la trajectoire qui s'impose inconsciemment à elle. C'est, pour l'aidant, renoncer à changer le cours de l'histoire, à contrôler la personne aidée ou à lui imposer un autre itinéraire que le sien. C'est être là pour l'autre, sans chercher systématiquement à exercer une influence sur lui. Quiconque s'est retrouvé en position d'aidant sait à quel point ce lâcher-prise et ce travail de deuil sont difficiles, et combien il faut parfois lutter contre ses propres impulsions. Éloïse nous en témoigne à la fin de son récit ; au-delà du deuil d'une relation, d'une fonction ou d'une position, il est aussi et surtout question de se pardonner de n'avoir pas pu mettre totalement à l'abri la personne aidée et de ne pas avoir pu toujours répondre à ses attentes.

---

1. Déliaison : fait de défaire progressivement le lien d'attachement en créant des moments de séparation.

REPRENDRE PIED DANS LE TEMPS ET SE PROJETER

Survivre à la mort du proche ne se fait pas sans douleur et sans obstacle. La fin de cette relation d'aide permet de renouer avec le pouvoir et la liberté de se réapproprier sa vie et sa trajectoire propres. Pour autant cet espace des possibles retrouvé apporte avec lui son lot de doutes, d'appréhensions et d'incapacité à se projeter. Cette liberté recouvrée encombre Éloïse, qui la vit comme un fardeau, aspirant au contraire à l'immobilisme et à la momification.

Plus surprenant peut-être, tout ce qui peut être source de plaisir est temporairement perçu comme stressant, car le cerveau, sursollicité durant le temps de l'accompagnement, perçoit dans chaque situation ce qu'elle impose d'efforts à fournir (y compris lorsqu'il s'agit de passer de bons moments en famille ou de lire un livre). Réguler son système neuro-émotionnel passe par une phase où les endeuillés doivent réapprivoiser peu à peu ces instants agréables, légers, qui n'ont plus rien de naturel pour eux, à force de s'être habitués à être tout le temps en surrégime.

À l'inverse, certains endeuillés sont poussés à vivre intensément, nourris d'une acuité plus profonde sur la précarité de la vie ; dans son récit, Éloïse partage avec nous son sentiment d'urgence de vivre et de ressentir, qui s'impose dans une relation charnelle, quasi addictive. Le besoin primordial de s'accrocher à la vie déborde ainsi chez certains aidants, eux-mêmes déstabilisés de s'être ainsi laissé emporter par ces palliatifs. Le médecin Donatien Mallet dit ainsi : « Quant à la jouissance ou à la souffrance, elles nous figent hors du temps. Par l'excès de sensation, nous sommes suspendus comme des êtres immanents et intemporels. »[1]

---

1. MALLET D., *La médecine entre science et existence*, Espace Éthique, Vuibert, 2007.

S'OUVRIR AUX ENSEIGNEMENTS DE CETTE EXPÉRIENCE

> *« Personne ne prétend que la résilience est une recette de bonheur. C'est une stratégie de lutte contre le malheur, qui permet d'arracher du plaisir à vivre, malgré le murmure des fantômes au fond de sa mémoire. »*[1]

Par-delà la souffrance, l'épuisement ou l'impuissance, être aidant est une expérience puissante, riche d'enseignements. Si l'on y donne beaucoup, on y reçoit aussi énormément, de la personne aidée, de son entourage amical, social, professionnel mais aussi de soi.

Les « anciens » aidants découvrent ainsi fortuitement que cette expérience aura contribué à les façonner différemment. Revenus d'un voyage en terre inconnue, ils en rapportent des trésors insoupçonnés, des savoirs pertinents ou des ressentis indescriptibles qui devront trouver à s'intégrer dans leur vie. Rien ne sera plus comme avant, car il faudra désormais accueillir de nouvelles facettes de soi. Cette métamorphose, implicite autant qu'explicite, dit la capacité de l'être humain à utiliser habilement la force négative de certains événements de la vie pour la mettre au service de soi, ou des autres, dans un élan de construction et de création. Boris Cyrulnik enseigne qu'au cœur de la tourmente, de la désespérance, de la souffrance, des traumatismes, réside une puissante force intérieure qui peut conduire à la résilience. La relation d'aide est, pourrait-on dire, une épreuve douloureuse, mais qui révèle à l'aidant tout son potentiel. C'est une véritable quête initiatique : dans le soutien apporté à autrui, l'aidant se rencontre lui-même, sans le souhaiter ou le conscientiser.

La relation d'aide offre des moments de grâce et d'authenticité qu'Éloïse nous a rapportés avec délicatesse, facilités lorsque les barrières s'effacent et que les verrous sautent (ainsi ce moment

---

1. CYRULNIK B., *Le Murmure des fantômes*, Odile Jacob, 2003, p. 16.

passé dans les bras l'une de l'autre à visionner des films). Les aidants, s'ils peuvent à la fois se sentir « mal tombés », parfois exposés à ce qu'ils auraient préféré ne pas voir ou ne pas entendre, évoquent pourtant la gratitude de moments privilégiés et uniques. Ces cadeaux inattendus sont bien souvent chéris lorsque l'être aimé n'est plus, les aidants nourrissant la conviction profonde qu'ils ont alors capitalisé des gains inestimables et soutenants pour leur processus de deuil.

> *« Cette dernière nuit, je suis restée seule avec papa. Il est mort paisiblement pendant que je lui caressais la main, blottie contre son épaule. Cette image, c'est la plus belle. Celle qui valait l'épuisement, le chagrin, les moments d'angoisse et d'incertitude. C'est l'image d'une relation sans barrière, sans filtre, sans faux semblant. » (Mme R., aidante de son père, décédé d'un cancer gastrique).*

Être aidant est un puissant catalyseur de la réflexion sur le sens que l'individu peut alors donner à son existence. Le philosophe B. Vergely évoque le travail intérieur qui doit s'opérer pour oser quitter l'émerveillement innocent de l'enfant, et aller vers celui de l'adulte. Cette disposition implique d'avoir été confronté à la souffrance, mais d'avoir pu en tirer une modification de notre vision du monde, et d'avoir pu préserver notre capacité à admirer, à apprécier le monde qu'il nous est donné d'habiter. De son point de vue, les mutations imposées par la vie sont une chance, pas une tragédie. Ce sont les expériences qui nous façonnent, nous construisent, nous nourrissent, nous élèvent et nous révèlent une part souvent ignorée de nous-mêmes ; « La douleur permet d'aller vers le Ciel en incitant à agir pour le bonheur. »[1]

---

1. VERGELY B., *Retour à l'émerveillement*, coll. « Espaces libres », Albin Michel, 2017.

B. Cyrulnik parlait ainsi de « merveilleux malheur »[1] pour témoigner de l'incroyable capacité humaine à triompher des traumatismes de l'existence. Il faut croire que, même dans les situations les plus extrêmes où le sens de la vie est mis à rude épreuve, chaque aidant peut y découvrir une plus grande part d'humanité, de dignité, de responsabilité et de liberté. Aider un proche malade est une expérience révélatrice, où l'on chancelle face au vide du néant, mais une chance aussi nous est donnée : celle d'accéder à une plus grande part de Vérité.

Cette expérience peut aussi contribuer à renforcer l'estime de soi, la tempérance, la découverte de ses propres ressources, de ses propres limites, de sa difficulté à dire non. Éloïse, fortement investie par sa mère, se trouve ainsi nourrie sur le plan narcissique ; entendue, soutenue et valorisée dans leurs nombreux moments de partage, Éloïse embrasse ainsi sa mission d'aidante, vitalisée par tant de gratifications.

D'un point de vue relationnel, être dans une relation d'aide bonifie la capacité de compréhension empathique, rendant les aidants plus réceptifs et accordés au monde interne d'autrui. Les blessures de la vie, les traumatismes et les mouvements psychiques singuliers leur sont plus familiers. En offrant leur soutien à la personne aidée, les aidants développent de multiples compétences sociales et émotionnelles, tels l'écoute, l'intelligence émotionnelle, la communication non verbale, l'accordage (c'est-à-dire la capacité de s'ajuster aux besoins affectifs) ou le non-jugement, qui continueront de les guider tout au long de leur existence, les rendant plus habiles dans la construction des liens sociaux, mais aussi plus perspicaces dans de nombreux domaines.

C'est ainsi par ricochet que l'aidant peut se sentir poussé à réfléchir à sa vie professionnelle. Dans cette période de cicatrisation et de

---

1. CYRULNIK B., *Un merveilleux malheur*, Odile Jacob, 1999.

transformation, de nouvelles perspectives peuvent émerger ; on se réinterroge sur ses orientations, porté par un désir de changement professionnel. Un bilan de compétences peut alors venir ponctuer le chemin de l'ancien aidant pour l'aider à identifier la façon dont il a été modelé par l'expérience et doté de nouvelles appétences et compétences. Certaines valeurs mises en exergue durant cette période l'encouragent naturellement à redéployer ses envies, à investir des métiers davantage centrés sur l'humain ou à intégrer cette dimension dans son champ d'expertise. La modification de certaines priorités peut aussi pousser à revoir les pôles plus personnels de son existence comme les relations conjugales, amicales, le lieu de vie désiré ou les rêves à réaliser pour s'accomplir pleinement.

CONCLUSION

Apprivoiser le statut d'aidant et les missions qui en découlent est un long chemin. Si l'aidance peut à bien des égards s'apparenter à une profonde mésaventure, elle se révèle davantage comme une odyssée, jalonnée d'épreuves à traverser, de problématiques à résoudre, de souffrances à endurer, de deuils à accepter, d'émotions à accueillir, de liens à tisser puis à dénouer, et de blessures à cautériser. Lorsqu'on écoute le récit des aidants, on comprend que l'accompagnement d'un proche malade ne saurait être réduit à une dramatique fatalité. Ils nous témoignent, comme Éloïse, de la continuité qui les mène d'aimant à aidant, ou, pour d'autres, de la rancœur à la rémission et au besoin d'écrire l'épilogue apaisé d'une relation qui prend fin.

Être aidant ne s'improvise pas si l'on considère les savoirs à engranger, les compétences à développer, les informations à collecter, les réseaux à activer ou les démarches à réaliser. Et même si de nombreuses initiatives locales ou nationales offrent davantage de soutien aux aidants qu'auparavant, il reste encore beaucoup à accomplir pour mettre à disposition de chacun ce dont il a besoin pour être au plus proche de la personne aidée, ou au contraire pour s'en tenir plus éloigné, lorsque le désir fait défaut ou que toutes les ressources sont épuisées. Être aidant implique bien souvent un engagement affectif intense, que chacun doit pouvoir penser sans injonction ni culpabilité, en restant à l'écoute de son histoire, des empreintes laissées par celle-ci et des séquelles qui en découlent.

Tous, nous pouvons d'ailleurs préparer en amont cette échéance, nous interroger d'ores et déjà sur ce qui pourrait nous encourager à nous impliquer ou à déserter, afin de pouvoir prendre la responsabilité d'assumer ou non une place d'aidant, à occuper en pleine conscience. Futures personnes aidées, nous pourrions par la même occasion nous demander quels leviers affectifs, relationnels, attentionnels pourraient déjà être constitués par nos propres actes, afin d'assurer que le moment venu il nous soit permis d'espérer être épaulés par des aidants aimants. En choisissant nos attitudes, nous participons aussi à construire une partie de notre destinée de personnes aidées.

Les personnes aidées, quant à elles, ignorent bien souvent ce qu'elles apportent aux aidants, davantage tourmentées de n'être que des poids pour ceux qui prennent soin d'elles, ou persuadées d'avoir basculé dans l'inutilité sociale. Elles ont en réalité un trésor entre leurs mains, tel celui de la maman d'Éloïse ; en tenant le fil délicat de la transmission, qui s'imprime autant dans une anecdote partagée que dans une communion silencieuse, elles ancrent les aidants dans la communauté des vivants, dopent leur potentiel caché et peuvent distiller en chacun d'eux l'envie de cultiver des raisons de vivre.

REMERCIEMENTS

Je tiens tout d'abord à remercier ma directrice de collection, Marie-Estelle Dupont, pour sa confiance, son soutien, son intelligence sensible et sa rare capacité de compréhension.

Je remercie également l'équipe des Éditions Albin Michel, Aurélie Starckmann et Véronique Galland tout particulièrement, pour la qualité de leur travail, leur écoute bienveillante et le respect accordé à ma parole dans ce processus de création à la fois singulier, intime et profondément fragile.

Merci à ma co-auteure, Blandine Chemin-Sauque, pour sa contribution incontournable à ce projet.

Merci à Nicolas, pour avoir veillé sur maman jusqu'à son dernier souffle, avec une présence, une délicatesse et un dévouement que nul n'aurait su égaler.

Merci à Morgane et Olivia, pour leur cœur, leur soutien et leur présence fidèle tout au long du chemin.

Je tiens à remercier mes amis, qui ont été là dans ces premiers instants, m'offrant leur aide tangible et leur présence indéfectible jusqu'à aujourd'hui.

Merci à S., pour ce qu'il m'a apporté, même s'il ne le mesure pas encore. Un jour, certainement...

Merci à mon père, pour ses conseils et nos souvenirs heureux lors de nos déjeuners.

Merci à mes sœurs, pour leur soutien, leur bienveillance et leur présence essentielle dès les premiers jours qui ont suivi le grand départ de notre mère.

Merci à nos petits animaux, compagnons silencieux mais ô combien vivants, pour leur douceur, leur amour instinctif, et pour avoir veillé sur maman avec une forme de sagesse invisible.

Je tiens aussi à remercier le « meilleur ami de l'homme »... et de la femme : mon fidèle compagnon à quatre pattes, Marcel, qui, par sa simple présence, me renvoie chaque jour au cœur du Vivant.

Merci également à toutes celles et ceux qui – qu'ils soient de passage ou présents depuis plus longtemps – me soutiennent et m'accompagnent tout au long de ce chemin de transformation.

Enfin, à ma mère, à qui ce livre est dédié, et dont l'empreinte, indélébile, l'amour inconditionnel et l'esprit si singulier continuent chaque jour de guider mes pas.

Éloïse Maillot-Nespo

À ceux que j'ai eu le privilège d'accompagner pendant de nombreuses années en soins palliatifs et qui m'ont tant appris sur la traversée de la maladie.

À ceux qui soutiennent dans l'ombre la vulnérabilité et me partagent bien souvent leur désarroi et leurs doutes, soucieux de tenir le fil de ces liens fragiles mais si précieux.

À mes collègues hospitaliers et libéraux, psychologues et soignants, pour la joie de nos échanges, le maillage solide que nous avons créé au fil des années et tous les savoirs partagés dans la perspective d'offrir le meilleur à ceux qui souffrent.

À tous ceux qui se sont enthousiasmés de ce projet d'écriture et m'ont encouragée à lui donner vie : Lucile Rolland-Piègue et Christelle Goldner pour leurs relectures attentives, Bénédicte Sillon pour ses conseils avisés et Laure Sizam-Guillemin pour sa finesse clinique.

À mes proches, souhaitant que ce livre leur ouvre davantage les portes de l'univers dans lequel j'exerce. À Lorraine et Christian, pour avoir apporté leurs témoignages en qualité d'aidants. À Bénédicte, dont la joie de vivre a guidé ma conviction que l'accompagnement de la maladie pouvait offrir bien plus que des larmes ou du chagrin. À mes grands-parents, qui ne m'ont pas quittée dans ce processus d'écriture. À Claire et Cécile, pour leur soutien et leur amitié si précieuse.

À mon époux Xavier et à mon cher Gabriel, pour leur patience et leur compréhension, qui m'ont permis d'écrire au calme, s'organisant des moments légers « pour que maman puisse finir ses devoirs ! ».

Aux Éditions Albin Michel et à Marie-Estelle Dupont, pour leur confiance et leur bienveillance sincère.

À Éloïse Maillot-Nespo, dont le témoignage fut une vraie source d'inspiration pour écrire sur les aidants.

Blandine Chemin-Sauque

TABLE DES MATIÈRES

Deuxième partie

Des mots sur les maux

Ouvrage publié sous la direction d'Aurélie Starckmann

Directrice éditoriale : Caroline Terral
Responsable éditoriale : Véronique Galland
Relectures et corrections : Anne-Caroline Perot, Stéphanie Simonnet
Conception graphique : Damien Payet
Composition : Nord Compo

Éditions Albin Michel
22, rue Huyghens, 75014 Paris
www.albin-michel.fr

ISBN : 978-2-226-50199-8
N° d'édition : 27701/01. – N° d'impression : 107612
Dépôt légal : octobre 2025
Imprimé en France par l'imprimerie Floch.